耶鲁奶爸教育访谈实录

小小兴趣班里的大智慧

常青藤爸爸 编著

编委：姚 兰 韩小霞 马学梅

江西教育出版社
JIANGXI EDUCATION PUBLISHING HOUSE

序

作为 21 世纪的孩子，如果没上过几个课外兴趣班，好像都是一桩怪事。

很多人觉得兴趣班是来自于国外中产阶级对孩子进行的素质教育。其实在我国，很早就有这方面的学习历史。蒙学经典《三字经》中就记载到："礼乐射，御书数"，这里面包含了"古六艺"，也就是:礼法、音乐、射箭、驾车、书法和算数。可见，从古至今国人都是非常重视孩子在"艺"方面的素质培养。

我们为什么要学习艺术、体育这些看似"无用"的东西？可能很多家长会说，也不是无一用处，可以作为特长，是升学和留学的跳板啊！有错吗？对于实用主义者来说，没有错。

但是，我们的目的不应止于此，教孩子学习艺术是要给他们另外一个美好的世界。这个过程，会让我们多个机会去享受美好的东西，多一种语言、多一种表达，多一种感受。如果把功利的想法淡薄一些，可能我们对孩子的教育就不会那么焦虑，那么步步紧逼。

又或者说，没有它可以吗？当然也可以，它是一种精神食粮，没有它，照样可以活。可如果你对生活有更美好的追求，对精神世界有更高的向往，那艺术学习就是必须的。

相信每个人都希望自己的孩子有更美好的生活，有更高的境界和向往，那学习就是自然和必然的。那么，接下来面临的事情就是学什么，什么时候学，怎么学。面对这个问题，更多的家长可能比"为什么学"还要迷茫和焦虑。

现在市面上林林总总的机构非常多，并且良莠不齐，让人眼花缭乱、无所适从。我在做"常青藤爸爸"公众号时，会接触到很多非常优秀的老师、专家，他们是全国艺术、体育教育领域中的佼佼者，他们的视野、专业程度以及对于教育的理解都有着相当的高度。为了让更多的家长能够对各个门类的艺术、体育启蒙教育有更权威、更科学、更客观地了解和认知，我花费了将近一年的时间，陆续邀请了这些专家、老师，一一进行访谈。把现实生活中家长们的困惑、疑问提出来，请专家老师们给予权威和翔实的解答。

在访谈过程中，我愈发觉得这件事非常有必要做，做对了。因为这些领域的老师和专家们，也想通过一个好的途径，将正确的教育理念、方法传播出去，正本清源。

同时，作为家长读者，可能还想了解一下“别人家的孩子”是怎么学习和成长的，在学习的过程中遇到过哪些问题，如果自己和孩子遇到了类似的问题该如何处理，而最终孩子又学到了什么程度，获得了怎样的成绩。于是，我又联系了学习相应课目的孩子家长们，他们和孩子们通过学习和努力，在各自的领域取得了非常不错的成绩。通过他们真实的故事，希望能带给家长读者一些建议、启发和帮助。

最后，特别感谢本书中受邀接受采访的老师、专家和家长朋友们！是他们宝贵的专业知识、教育理念和经历经验成就了这本书！希望每一个孩子都能找到自己的兴趣和乐趣，并且坚持下去，让生活的层次更丰富，让生命的底蕴更丰厚！

2018 年 8 月 30 日

目 录 / Contents

PART 01 / 艺术启蒙

PART 02 / 体育启蒙

早期艺术启蒙的教育意义重大。钢琴、歌唱、舞蹈、国画等等各种兴趣的培养，能充分发掘孩子潜在的音乐素质和艺术创造能力。“艺术启蒙”给孩子们提供了一些艺术指导和学习理念，目的在于引导孩子了解美、体验美、感知美、表达美，学会用艺术的方式为生命增添色彩，努力成为一个美好而自由的自己。

PART

01

艺术启蒙

ARTISTIC ENLIGHTENMENT

王　灼
北京保利 We Do 音乐综合素养课程学科带头人；
中央音乐学院音乐教育专业硕士；
中国音乐家协会奥尔夫专业委员会骨干教师；
加拿大达尔克罗兹协会会员。

音乐素养，孩子开启音乐大门之匙

一直以来，经常有家长，尤其是家里有孩子在学钢琴、小提琴等各种乐器的家长跟我抱怨：学习艺术虽然很有必要，但是孩子学得太痛苦，家长也跟着着急上火，都快得心脏病了。

我也经常在想，问题到底出在哪儿呢？又该如何解决呢？一次偶然的机会，我结识了北京保利 We Do 音乐综合素养课程的王灼老师，交谈之中，我们聊起了这个话题，王老师的一番话让我豁然开朗。后来，我们有幸又约到了王老师，并对“音乐素养启蒙”这个话题进行了详细的探讨，希望能给处在“绝望”中的宝爸宝妈们一些启发。

常爸：王老师，您好。现在有很多家长在孩子三四岁时就让他们学习音乐课程，比如钢琴、小提琴等等。事实上，很多小孩儿在学习的过程中很痛苦，并没有家长所期望的那么快乐、有趣。为此，家长们也十分困惑和烦恼。所以，问题到底出在哪儿呢？

王灼：像这种情况，很有可能是启蒙阶段的先后次序搞错了。正常来说，应该先进行音乐素养的启蒙培养，再来学习乐器。

常爸：这个理念可能很多家长都没有听说过，通常大家都是直接开始接触乐器，您能具体解释一下吗？

王灼：举一个最简单的例子，比如学习一门语言，我们在学习母语的时候，不是一生下来就开始学习读书、写字，而是先在外界的大环境中去听和说。在能够独立自主地说话后，才进入到识字、读写的阶段。音乐也是同样的道理，一个小孩如果之前没有任何的音乐基础，突然开始学习钢琴或者小提琴等乐器，此时他对音乐还没有切身的体验和感受，也谈不上兴趣。对于节奏、音高等也没有具体的概念，但是老师上来就开始教他识谱、触键、手型等专业知识，这些其实是把太多重要的、艰巨的任务都放在同一个时段让孩子来完成。这对于孩子来说，当然是一件非常困难的事情。

常爸：是啊，对于孩子来说，学习音符是很难、很枯燥的一件事，像四分音符、八分音符等等，别说他们，有时大人理解起来也十分费劲。

王灼：没错，教孩子音符时，不能直接说一个四分音符可以分成两个八分音符，那是用数学的方式去教音乐，这和音乐的声音是脱离的。而且三四岁的孩子，基本上是不能理解分数这个概念的。如果音符在他学习乐器之前就已经理解了，那学起来就轻松很多。

常爸：那您能就这个问题，谈一谈在音乐素养的培养中应该如何给孩子讲音符吗？

王灼：在音乐素养课中，我们会采用达尔克罗兹的教学方法。

第一步：我会先让孩子们按照正常的速度行走。简短的时间后，我会说："现在，大家试着奔跑起来。"在这个变速的过程中，孩子们会发现"走"和"跑"其实是不一样的。一种是稳定匀速的，另一种需要兴奋一点，动作频率更加密集一点，脚步也要快很多。

第二步：具体的实践过后，我就用"走"和"跑"来教授他们乐理知识。当我说"走"的时候，孩子们要弹四分音符的音乐；当我说"跑"的时候，他们要弹八分音符的音乐。很快，孩子们就会发现"走"的时候，每一步的距离都要比"跑"的时候长。而"跑"的时候，步伐因为很频繁，所以每一步的距离很短，音乐的节奏也会很密集。

第三步：我不再对孩子们发出"走""跑"的信号，而是让他们自己来听节奏，根据听到的音乐信号（节奏）来进行"走"或"跑"，这时声音就是对他们身体节奏运动的一种刺激信号。

第四步：我对他们说，刚才的"走""跑"就是两种节奏型，长的是"ta"（音），短的是"titi"（音），这就是四分音符和八分音符。如果是二分音符，"走"的速度会更慢，步伐会跨得更长，身体在空间运动中所需的时间也会更长。这样，孩子们就自然而然地理解节奏与几分之几音符的含义了。

常爸：除了刚才讲到的节奏、乐理，音乐素养启蒙还包含哪些知识呢？

王灼：我们现在提倡的音乐素养启蒙其实是想把音乐当作母语来学习。孩子在正式学习读写乐谱和演奏乐器之前，首先要获得大量的音乐感性经验，让他对音乐与音乐元素有一个基本的感受和体验。也就是说，唤起他对音乐的兴趣。当然，这种经验的获得可以来自多种途径，比如听觉（听音乐）、声觉（念词或者歌唱）、动觉（律动）、视觉（把音乐符号图谱化）等等。

常爸：可是如果我家孩子没有学习器乐的计划，还需要音乐素养启蒙吗？

王灼：这就涉及音乐教育的本质了，我们不是要把每一个人都培养成音乐家，或者一定要让他学习器乐，而是要把他培养成一个具备审美能力、素养全面的人。音乐、艺术其实是一种精神食粮，它会让你的生活变得更美好。也有人说，没有它们不行吗？当然可以。可是如果你对自己的生活有更美好的追求，对精神世界有更高的向往，那艺术一定是必不可少的存在。

常爸：那您能再举一些具体的例子，谈一下音乐课程应该如何选择？孩子们通过这些课程具体能学到些什么？

王灼：比如这学期一开始，我选用的是圣桑的《动物狂欢节》里的大象作为教学素材。

首先，我让孩子们学习大象走路。在学习和模仿的过程中，他们会发现大象因为体格很大，所以走起路来非常笨重、缓慢。这就是通过动觉来引导孩子去体会大象走路的节奏。

然后，我让助教弹钢琴的最低音部分，孩子们很快就听出来这是一个非常低的声音。随即他又弹出了《动物狂欢节》里大象的部分。我也会一边唱，一边让孩子们跟着拍子的感觉来行走。渐渐地，他们就知道钢琴发出的这部分音就是大象的声音。

听完了钢琴的声音，我又对孩子们说，其实还有其他乐器也可以发出大象的声音，孩子们就更加感兴趣了。于是我又放了一段低音提琴的声音，他们很快就发现了低音提琴的音色跟钢琴是不一样的，它的音听起来比钢琴更低。大家就迫切地想看一看这个乐器到底长什么样子，于是我给他们播放了低音提琴的演奏视频。这样孩子们就能更加具象地了解到低音提琴的外形和音色了。

另外，这个视频中还播放了一群用动画合成的大象。孩子们在这样的学习过程中，就能将声音、动作、图像、乐器有效地结合在一起了。

所以，音乐素养启蒙就是要让孩子自己的声觉、动觉、听觉、触觉参与其中，这样才能更加形象地感知到音乐的特性、音色、音区、速度等等。而不是只靠听觉这个单一的媒介来达到学习的目的。

常爸：如果有的地方没有专门的音乐素养课，家长在家里放一些古典音乐给孩子听，能不能起到培养音乐素养的效果呢？

王灼：能，但是这种方式太被动。我经常给家长推荐的一套书叫《Wee sing》，是美国人写的。书中配有 CD，里面有很多歌曲，同时有伴唱、伴奏。家长可以跟着书中的音乐在家里演唱或进行游戏。

其实，传统的儿歌，不管是中国的还是外国的，它们本身就是一种游戏。孩子需要的是让音乐跟自己建立联系，而不是单纯地当作背景音乐来听。

常爸：有了音乐素养启蒙的基础后，就可以学习专门的乐器了吧？

王灼：这是中国很多家长的一个误区，觉得 musicianship（音乐素养）只是初级阶段或者启蒙阶段学习的内容，其实不是。我经常举一个例子，小孩在学会拼音和认字以后，大概在二三年级就能够阅读了，但是他的语文课为什么要一直上到大学？不是你光会认字、阅读就可以了。你还需要阅读的能力，需要对一种文化有更深的了解。音乐也是，学习了乐器，素养课还是需要持续进行的。

常爸：我们知道现代的音乐素养启蒙有三大体系，奥尔夫、柯达伊、达尔克罗兹。这三大体系的特点是什么？它们之间有什么不同呢？

王灼：这三大体系分别是以创建人的名字命名的，很有意思的是，这三个音乐家都是作曲家。最初，他们并不是作为音乐教育家去教小孩的，而是在教学的过程中发现了很多问题，继而探索出了这些体系。

近代最早出现的音乐教育体系是达尔克罗兹体态律动教学法，产生于瑞士。达尔克罗兹本身是一个作曲家，在日内瓦音乐学院教钢琴。有一次他发现一个学生在弹琴的时候，节奏感很不好。他很疑惑：难道这个孩子天生节奏感就不好吗？

一天，他在学校里散步时，看见了这个学生。虽然他在弹琴时的节奏感很糟糕，但是在走、跑、跳时的节奏和速度是非常均匀的，而且体态很优美。于是，达尔克罗兹想，如果音乐的学习能从身体的动觉出发，从人的最本能的、最简单的东西出发，那可能会更加容易一些。

于是，达尔克罗兹创立了体态律动教学法，将音乐听觉和身体动觉联系起来。即我们听到什么样的音乐，就做出什么样的动作。其实身体表现的动作，同时也能反映出音乐的元素。比如你做的动作非常强硬有力，在音乐中是可以找到同样的节奏与力度的，这就是“用音乐带动身体，用身体展现音乐”。

另外两个人，柯达伊和奥尔夫几乎是同时期的，他们比达尔克罗兹稍晚一些。

柯达伊是匈牙利一位著名的作曲家，他认为人声是最好的教学工具。唱歌必须是无伴奏的，就像传统的民谣演唱一样。柯达伊的教学对象小到低龄的幼儿，大到成年人，学习音乐的方法主要是通过歌唱来训练的。

奥尔夫是德国人，他把达尔克罗兹的体态律动和柯达伊的歌唱结合起来，又吸收了很多其他艺术门类的特色，比如语言、舞蹈、美术、戏剧表演等等。所以，奥尔夫体系是非常综合、丰富的一个体系。

常爸：我也曾对这三种教学法进行了研究和分析，个人觉得奥尔夫的教学法对老师的要求更高，综合性更强。但越是这样，进入的门槛似乎越低。是否因为奥尔夫可以培训出更多的老师，而老师的水平即便没有那么高也可以教课，所以促使它的课程更加容易普及和流行呢？

王灼：对，你提到了一个很关键的因素。相对来说，很多老师和家长看到的奥尔夫好像只是在做一种简单的互动游戏，所以觉得更好上手，实际上这种课程很难。如果老师没有透彻地了解它的教育理念和精神，更没有对自己所具备的艺术素养水平有客观的衡量，是很难模仿和再创造这种课程的。因为它的技术是隐性的，所以有些老师经过简短的培训，就可以教授奥尔夫的课程，也只是照猫画虎，并没有明白其精髓所在。

常爸：那这三种体系哪一种更好呢？奥尔夫虽然很容易被普及，但是真正好的老师又不多。作为家长，我们该如何选择呢？

王灼：其实这三大体系各有优势，优秀的老师会把这三大体系中的精髓在课程中融会贯通。至于怎么选择老师？就要看这个老师的教育背景以及学习音乐的背景。现在有一些奥尔夫的师资培训，顶多十天半个月，是一种速成培训，实际上并没有培训机构宣扬的那么资深和专业。目前就国内来看，只有中央音乐学院音乐教育学院的学生是系统接受了这三个国外教学法训练的。当然现在也有很多学生和老师远赴匈牙利、奥地利、瑞士去学习这些教学法。

常爸：跟您对话真是相见恨晚，相信通过我们的交谈能够帮助到更多的家长，也帮助更多在学习乐器中迷茫而困惑的小朋友。

王灼：我也非常荣幸能接受这次访谈，谢谢常爸对音乐教育的支持和普及！

高桥雅江

日本钢琴教育家；
毕业于美国布鲁克林音乐学院；
从事儿童钢琴教育事业近 20 年；
曾被授予以意大利音乐家 M · CLEMENTI 命名的唯一最高指导奖。

坚持与正统引导，练就钢琴天才的不二法门

钢琴被称为“乐器之王”，几乎是每一个家长在给孩子选择学习乐器时的首选对象。虽然钢琴启蒙培训已经十分普及，但是家长仍旧有很多困惑，比如：我家的孩子到底适不适合学钢琴？从几岁开始学好？选择什么样的老师？不爱练琴怎么办？孩子罢学是该坚持还是放弃？

常爸：钢琴为什么被称作“乐器之王”？

高桥雅江：钢琴是西洋乐器里最有意思的，它有很多和声、音色、层次、声部等等，乐音体系非常丰富。而且钢琴必须用两只手去弹，它不像管乐或者小提琴、大提琴，一次最多只能按四个音。弹钢琴要用两只手，十根手指头。它可以同时按出八个或者十个音。技术、技法上也比其他乐器要难很多。

常爸：既然钢琴弹奏技法这么全面，那是不是学习钢琴之后，再学其他的乐器就会容易一些？

高桥雅江：可以这样说，只要你是学音乐的，必修课都要学习钢琴。它可以训练耳感、音准、节奏，这也是钢琴被誉为“乐器之王”的主要原因。

常爸：我听过这样一种说法，钢琴可以提高孩子的智商，是真的吗？

高桥雅江：弹奏钢琴的时候，通过手、眼、耳朵、身体、大脑的并用，锻炼人的反应能力、协调能力等等。两只手弹奏的同时，左右脑也在同时运转。学钢琴的孩子，通常学习成绩都还不错。

常爸：可是像古筝也要用两只手弹奏，它与钢琴的作用效果有什么不同呢？

高桥雅江：古筝和钢琴还是有所不同的。古筝虽然也是十个手指头在弹奏，但是它只有单旋律，和声也不丰富。从音乐和声学角度来说，它的丰富程度并没有钢琴这么高。

常爸：那什么样的孩子适合学钢琴呢？普通家长该如何判断自己的孩子有没有音乐天赋？

高桥雅江：只要孩子四肢健全，手指没有残疾就可以学习钢琴。它并不局限于你的手大手小，体型的高矮胖瘦。甚至有的人没有手，用脚也可以弹。

关于音乐天赋，其实所有的孩子都具备。除了健康的孩子们，一些患有自闭症的孩子，也是具备这种天赋的。尤其现在，大部分家长都知道用音乐做胎教，也就是说宝宝在肚子里就开始接受音乐的熏陶。

孩子的差别主要在于后天正确的引导和坚持，需要家长根据孩子出生后听到音乐节奏和音律时的表情或肢体反应去判断。

常爸：那是不是可以这样认为，我们现在的育儿理念很科学，早期的教育方式也优质。还有像您刚说的在怀孕期间，家长就会进行有意识的音乐胎教，所以大部分孩子其实在幼儿时期都具备基本的音乐储备，他们的环境、起点其实都差不多。

高桥雅江：对，没错。

常爸：那几岁开始学钢琴比较好，男孩和女孩有分别吗？

高桥雅江：首先，我觉得性别上是没有区别的。关于年龄，我提倡，孩子启蒙越早越好，两岁半就可以开始引导孩子进行音乐启蒙的学习了。

很多家长可能会说，那么小的孩子，他坐不住呀！他的手还没有发育好，怎么弹？其实不然，启蒙的概念不是说两岁半的孩子就必须学习弹哆来咪，要摆手形之类的专业技能。而是要结合、融合，用另外一种方式让他接触。要有唱，就是像牙牙学语一样的模仿；要有听，就是音乐欣赏；要有看，不是看大钢琴家、大音乐家的音乐会，而是看一些与音乐有关的小动画片、童话剧、音乐剧；要有画，他不会写字，就让他画，放一段音乐，给他很多的彩色笔，让他随意地听，随意地画，这是很有意思的。越早启蒙的孩子，对语言、数字、思维这三方面能力的养成越有帮助。

通过这样的启蒙，孩子自然而然地就可以过渡到钢琴的学习上了。

常爸：在选择老师方面，有的家长会觉得孩子刚开始学，选一个水准一般、学费便宜的老师，等学得差不多了再换个级别高的老师。您的建议是？

高桥雅江：选老师，我的标准是责任心、童心、爱心。我从来不认为一定要选择钢琴泰斗或名家名师，但是作为老师，没有这“三心”是万万要不得的。

家长不要有这种概念，孩子刚入门，找学费便宜的老师。并不是说学费便宜的老师就教得不好，也有教得好的，但那得碰运气。其实只要这个老师适合你的孩子，我认为都是可以的。但话说回来，能够具备这“三心”的老师，您觉得学费会便宜吗？做教育，这“三心”是最值钱的。

常爸：您能再说得具体些吗?

高桥雅江：我认识的一个孩子，在之前学习识谱的时候可能遇到了些困难，当时教学的老师为了速成，就不让他学识谱了，直接手把手教弹。后来这个孩子会弹好多首曲子，但是却看不懂琴谱，这就真成了乱弹琴了。其实那位老师就是为了应付家长，你看，我这么快就教会你家孩子弹曲子了。可是这有意义吗？对于孩子来说，无法独立学习、独立成长，是很悲哀的一件事。这就是没有责任心的老师教授的后果。

常爸：童心和爱心怎么解释呢?

高桥雅江：有一本书大家都知道叫《窗边的小豆豆》。这本书里的人物是真实存在的，小豆豆的校长的教育方式才是真正的因材施教。因为每一个孩子都是不同的，十个孩子有十个脑袋，十种思维。教育者要做的就是接受孩子们的思维，跟他们的思维和想法同步。而不是让孩子有概念里的那些标准答案。家长不要用一种标准来衡量，琴都弹得一模一样了，或者都跟钢琴名家弹得一样了，就认为是好的，是棒的。你想想，一个孩子弹出来的感觉跟老人家弹出来的感觉一样，那是好的吗？是正常的吗？标准答案出来的孩子，永远就是一个标准模件、标准模式。他不会有很好的想象力和创造性。老师就是要保护孩子的个性和天性，有这样思维意识的老师，才是好老师。

常爸：和学琴另一个息息相关的问题就是买琴了，有家长这样问：也不知道孩子能不能坚持下来，想买台电钢琴代替钢琴在家里练习可以吗?

高桥雅江：不建议这样做。电钢琴在弹法上与钢琴的技巧、技术的性质都是不同的，对于一个有多年弹琴经验的人来说，这些差别可能比较容易控制，但是对于学琴的孩子来说就完全不一样了。

第一，这两种琴对触键方法的要求不同。电钢琴的发音是无论用什么方法、方式或感觉，只要能按下键盘，就会发出同样力度和音色的音来。而钢琴，则取决于触键方法，就是所谓的“控制”。实验证明，凡是先学电钢琴的孩子在改学钢琴时，几乎都要改进或重新学习触键方法。

第二，电钢琴无法让弹奏者自如地发挥控制力。假如有几个同时弹奏的声音，我们无法让其中的哪一个突出一些，使其他的音弱下来；也无法奏出渐强、渐弱、突强、突弱等力度的音色变化和对比。而这些恰恰都是钢琴具备的典型艺术特性。

第三，多数电钢琴对左手的技术训练非常单纯。但钢琴，却要求右手能够做到的一切，左手也能够做到。所以，钢琴可以完美地弹奏复调音乐，而电钢琴却很难做到。

第四，电钢琴的音域小于钢琴，也限制了所能演奏音乐的范围。

所以说，学钢琴先用电钢琴弊多利少。我还是建议尽早购置钢琴。如果由于某种原因只能先弹电钢琴，应尽可能利用有利的方面，同时清醒地估计到不利的方面，力求少走一点学习的弯路。

常爸：孩子开始学琴了，家长一定要陪孩子练琴吗？

高桥雅江：我不同意。

常爸：那学琴初期呢？这时候孩子往往太小，是需要大人陪伴和督促的啊！

高桥雅江：刚开始就要让孩子自己来。这个理念用得最好的是日本，YAMAHA。中国现在也有所谓的 YAMAHA 音乐中心，但根本不是那么回事。日本的 YAMAHA 从入学开始，除了亲子班，即两岁以下的孩子进行音乐启蒙，家长是可以陪同的。一旦开始正式学习乐器，是不让家长陪同的，也不允许家长进去，全部都是孩子独立学习的。

再说，家长陪孩子能陪到什么时候？他去幼儿园、去学校不也得自己独立自主地上课吗？你难道也进去陪着？

常爸：可是有些学琴的孩子，不可能每天都愿意主动练琴，他还想玩儿，家长如果不督促的话，他很有可能就不练了。

高桥雅江：很多时候孩子不练琴或者不爱练，是家长和家庭环境因素导致的。孩子是非常需要规律的，像从小几点吃奶、几点睡觉，到后来什么时间吃饭、游戏、学习、睡觉，都要分配好。家长需要给孩子一个时间的概念，就是到了什么时间就该做什么样的事情。但是现在很多家长别说对孩子的要求，就连自己都没有一个规律的作息时间。如果有了规律的时间安排，到什么时间孩子自然就知道该做什么事。所以，只要把自己和孩子的时间规划好，管理好，保准你不用再操心孩子练琴的事。

孩子们上一天学已经很累了，回到家应该喝点儿水，上个厕所，吃点儿水果。

然后要先练琴，不管用多长时间，半个小时也好，一个小时也好，其实这与文化课相比，就相当于是放松了。等练完琴再去写作业、吃饭等，这样的顺序才是合理的。像我的一些学生，文化课好的都是回家先练琴，再吃饭、写作业，他们没有一个不爱练琴的。

常爸：那对于上幼儿园的孩子呢？他们的自控能力还是差一些。

高桥雅江：上幼儿园的孩子，放学回家也要先练琴。因为他在幼儿园里没有很紧张的学习任务，玩耍的时间绰绰有余。如果放了学让他先玩，你觉得他后面该干的事还能干吗？小孩根本没有精力，心思也收不回来。所以要学会松——紧——松——紧的学习节奏，这样规律作息的孩子，即使一直念到博士也都不会累，因为他懂得劳逸结合。

常爸：可是我也碰到过一些孩子完全不想练了，打死也不学不练，那这时候他们应该选择坚持还是放弃？而且之前也听说过一个著名的事例，说音乐家郎朗一度也曾不想练了，但是他的爸爸觉得他很有音乐天分，决定让他坚持下去。后来就逼着让他回来继续练。

高桥雅江：这个问题很好，如果我是这样孩子的家长，我也会选择坚持。我有两个女儿现在在学习花样滑冰。滑冰可比弹钢琴要累，弹琴还可以坐着，可是滑冰一直在动，而且会摔跤。她们经常摔得身上青一块紫一块。但是教练对我说：“孩子妈，你不要心疼，所有的跳跃，不管旋转几周半，如果没有摔够 200 遍，是学不会的，而且动作也不会漂亮。”孩子有时训练被摔得很惨，回来跟我说我不想学了。那你说，我应该坚持还是放弃？如果我放弃的话，以后她们长大了肯定会怨恨我，说：“妈妈，当初你为什么要放弃？如果你当时咬咬牙，我就会学得很好啊。”当然，我没有放弃。现在，两个女儿都因为花样滑冰在国际比赛中获了奖，还考去了加拿大求学。

我有个学生，中考的时候文化课课业很重，学习也很累，后来实在不想弹琴了。他妈妈考虑后也决定不弹了。现在这个孩子初二了，他又要回来学。可是当初跟他一起学的孩子们水平都已经很高了，他回去抱怨妈妈。他妈妈说：“是你自己说不学了，我跟你商量过的啊！”他说：“你四十多岁的人，我才十几岁，我懂什么？你听我的啊？”他很懊恼，他的妈妈也很难过。

我举这个例子就是要告诉大家不要放弃，不管是在学习道路上，还是做其他任何事情，都不要轻易放弃。否则，一生一事无成。

常爸：您能给个坚持下去的方法吗？

高桥雅江：每个孩子兴趣的时间段都不一样，遇到练琴的瓶颈时，家长首先可以采用鼓励的方式。如果鼓励不奏效，就把被动练琴变成奖励制练琴。比如，奖励给他一个玩具或者实现一个小愿望，给他一个刺激。度过这个阶段，就可以正常继续了。

我从来不认为学东西就必须要获得一些成就。比如学滑冰，就要当个运动健将拿冠军；学钢琴，就要当个钢琴家。我只是希望孩子们有一技之长。我指的一技之长并不是要你利用它去赚钱。那学习一门技能，有一个喜欢的项目，为的是什么？其实是想让孩子们通过这些琴棋书画来为自己解压、释压。因为现在的社会节奏很快，压力很大，不管男生女生，学学这些也是自己情感释放的一个出口。比如说我今天很生气，我就可以在乐器上或者画画上发泄出来。我今天很高兴，得到了礼物、嘉奖、荣耀，我也可以借助某一样兴趣爱好宣泄出来，这是很有意义的。

常爸：您对钢琴考级怎么看?

高桥雅江：我本人是非常反对考级的，通常业余的钢琴学生会考级，专业的都不考。我觉得考级都是家长的心理在作祟，他们会想，投入到这上面的费用很多，孩子也费劲地学了半天，可是拿什么来证明我孩子的水平呢？那就要通过考级。这其实没有任何意义。而且目前的考级也存在一些不公平，有水分的现象。

常爸：可是不考级，怎么来判定衡量孩子的弹奏水准呢?

高桥雅江：如果你真的想要确定和证明你的孩子达到什么样的水准，首先我建议让他多演出，多参加各类比赛，最好是国际比赛。国际比赛相对客观和公平，水平也高一些。

常爸：您能推荐一些适合 0~6 岁的孩子听的钢琴曲目吗?

高桥雅江：很多钢琴曲其实都非常适合孩子听，我给大家介绍一些比较有代表性的曲目。 不过，要注意的是，浪漫派后期有些激烈、激昂的曲子不太合适孩子，他们还理解不了。

常爸：好的，非常感谢高桥老师这一番诚挚的建议!

高桥雅江：不客气，也谢谢常爸给予这次访谈的机会。

高桥老师推荐给孩子的欣赏曲目

适合 0~2 岁孩子的形象拟人的曲目
圣-桑《动物狂欢节》
拉威尔《鹅妈妈组曲》
勃拉姆斯《摇篮曲》
舒伯特《音乐瞬间》
贝多芬、海顿、莫扎特的钢琴小品

适合 3~6 岁孩子的有幻想性的曲目
贝多芬《月光奏鸣曲》
德彪西《月光》
柴可夫斯基的芭蕾舞曲《睡美人》《天鹅湖》《胡桃夹子》
贝多芬、舒伯特的四手联弹
罗西尼的歌剧《塞尔维亚理发师》序曲
莫扎特的歌剧《魔笛》序曲
小约翰·施特劳斯《蓝色多瑙河》

浩 祥

16 岁，师从高桥雅江老师，学习钢琴 12 年。
2015 年洛杉矶国际青年音乐家大赛钢琴组蓝带潜质优异特别大奖；
2016 第九届上海国际青少年钢琴大赛双钢琴 & 独奏特等奖第一名。

没有勤奋专注的神童，只是一种传说

刚拿到浩祥的音乐简历时，我都有点惊呆了，两页 A4 纸，写满了他参加过的国内外钢琴表演和比赛获奖经历。我在心中也不禁感叹：这简直就是典型的“别人家的孩子”啊！

浩祥从四岁半就开始学钢琴，到现在已经 12 年了。12 年来，他从一个从未接触过钢琴的小男孩成长为一个潜力十足的钢琴演奏者。

说起浩祥学钢琴的起因，是因为当时家里正好有一台闲置的钢琴。那是浩祥妈妈小时候使用过的钢琴，后来放在角落里，很久都没有人去弹它。浩祥 3 岁之前，也从来没有摸过那架钢琴，也没有人在他面前弹奏过。他只是偶尔跟妈妈一起去听听音乐会，上一段时间的奥尔夫音乐启蒙课。再长大些，等大家都开始学习特长了，浩祥顺其自然地就开始了钢琴的学习。

6 岁那年，浩祥拜师到高桥老师门下，也确定了自己未来要追求的音乐目标。在高桥老师的指引下，浩祥参加了各种国际比赛。最令浩祥妈妈印象深刻的是在他 6 岁那年，去澳门参加了一个国际钢琴比赛。比赛分为 18 岁以上组和 18 岁以下组，刚练习钢琴没多久的浩祥要和很多大哥哥大姐姐一起竞争。最终，他和一位 15 岁的哥哥并列获得了第三名。妈妈已经很满意这个结果了，谁知道浩祥却伤心地哭了，一直以来，他都认为自己是最棒的，最好的，没想到只拿到了第三名。但正是这次经历，让浩祥看到了外面的世界，也对自己有了更加清晰的定位。在学习钢琴的同时，浩祥也学习着舞蹈。“身体的律动能够让他更好地感受音乐，感受节拍，这对弹钢琴是很有帮助的。”浩祥妈妈说，“让他学习舞蹈，不为别的，就是为了弹钢琴服务的。在这一点上，我的出发点确实是功利的。”浩祥妈妈的坦诚，让我看到一个母亲对孩子爱好全方位的支持。但与此同时，让妈妈欣慰的是，浩祥对练琴从来没有懈怠过，也从未有过退缩和放弃。即使有时练习舞蹈回来已经很晚了，他仍然会对着琴谱练习 50 遍以上。

在最近的一次国际音乐比赛上，浩祥的钢琴演奏得到了许多国际著名音乐学校教授的关注。因特罗根艺术学院、美国曼哈顿音乐学院、纽约大学钢琴系纷纷向浩祥伸出了橄榄枝，希望他能在高中毕业之后，去继续深造钢琴。国内著名的钢琴家、郎朗的恩师朱雅芬教授在给浩祥颁奖时，也鼓励他一定要坚持弹下去。

如今，浩祥正在为出国留学做准备，广阔的音乐殿堂正等着他展翅翱翔。

郭 健

毕业于哈尔滨师范大学音乐表演系；
在乌克兰哈克夫国立音乐学院研读并取得硕士学位；
北京新爱乐交响乐团任小提琴首席；
现于天津成立郭健小提琴教育机构。

精准的姿态成就孩子的小提琴之梦

很多人都知道，钢琴被称作“乐器之王”，其实还有一种乐器被称作“乐器皇后”，那就是小提琴。现在有很多孩子在学习这门乐器，但在学的过程中，他们也有很多问题和疑惑。

常爸：郭老师，您好。很多家长在给孩子挑选乐器时，都不敢选择小提琴。觉得这种乐器在起初的这一阶段，拉出来的声音特别刺耳。不仅家长和孩子听着难受，还担心影响到邻居。对此您有什么看法？

郭健：这其实是一个误区，因为很多孩子在入门的时候学习方法都不对。

小提琴有四根弦，持弓应该是平的，手、手腕、小臂、大臂都在一个平面上，弓是以拖动来震动琴弦发声的。我经常给学生举例子，把一块海绵放进水里，它浸到水里的感觉就是弓跟琴弦的感觉，拉琴的时候就是去找海绵浸在水里的感觉。上课时，我还会让学生练习擦桌子，其实是为了找面。同理，在琴上也要找面，如果持弓不到位，把弓拎起来，就没有面了，很容易发出吱吱嘎嘎的声音。这跟他是否是初学没有太大关系。如果小孩能把平面找对了，他第一次拉出的声音一定是悦耳的。

常爸：那孩子多大就可以开始学习小提琴了？

郭健：我个人认为，女孩儿四岁半就可以了。男孩儿通常要再大一些，五岁半或者六岁。因为男孩儿女孩儿的发育是有差别的，女孩儿发育得早，男孩儿会晚一些。

常爸：学习小提琴对孩子先天的身体条件有没有要求，比如手指的长度？

郭健：其实没有特别的要求，当然最好手指跟手掌的长度比例是一样的。小提琴界流传着这样一个神话：说“鬼才”帕格尼尼身高两米，手指加手掌的长度可能都快赶上咱们正常人的小手臂的长度了，所以他能做到的一些技巧，很多人都做不了。如果非常严格地说，肯定是手指越长越好，但是手指太细了不好，因为力量不够。你可以注意观察一下，大多拉小提琴的女孩儿，都不会很瘦，因为拉琴需要有一定的体力。

常爸：我也听到一些家长有这样的疑问，就是小提琴老得歪着头拉，这对孩子的身体、骨骼发育会不会有影响？

郭健：首先，小提琴绝对不是歪着脖子拉的。它是靠什么样的姿势和力道呢？它需要的站姿是双脚自然分开，与肩同宽，以左脚为轴，右脚向前半步，呈一个稍息的姿势。然后你的重量要在你的左腿上，肩往前旋转，头一定要居中。拉琴时，腮的地方有腮托，肩的地方有肩托，头正好是横在这个位置上的，一点儿都不用使劲，而且演奏者必须要挺胸抬头，只有这样琴才能待得住，而绝不是大家说的歪着头拉。

中国有很多的老师，包括我们这一代学琴的时候，都是“传帮带”出来的。他们不是科班出身，而且好多人在学琴时，夹琴都是用锁骨的位置，这是不对的。小提琴上面有肩托，肩托一定是放在肩上的，这样夹好了之后身体一定是直立的。

还有的老师不重视琴和琴配件的质量，给学生用一些铁丝之类的肩托。其实应该用符合人体肩形的肩托，因为小提琴有三分之一的位置是压在肩上的，位置摆正确了，然后用腮稍稍一带，人整个就是直立的，也一定是挺胸抬头的。

而且在中世纪的时候，宫廷礼仪是非常严格的，小提琴如果真的要歪着头去演奏，我想这种乐器早就被甩到宫廷之外了，不可能成为第一贵族乐器。

常爸：除了提升音乐素养之外，小提琴对孩子都有哪些公认的益处？

郭健：苏联有一位教育家叫苏霍姆林斯基，他提出过这样一个观点：最开发人类智慧的三样东西是音符、字母和数字。著名的科学家爱因斯坦同时也是一位小提琴家。或许这是一个偶然，但也可以从侧面说明，音乐可以带给人脑部发育的正向动力。还能锻炼人的专注力，这点不难理解，当你看着谱子，配合着身体的动作，注意力会非常集中。而这对以后的学习、听讲都有很大帮助。另外就是在形体的塑造上，由于夹琴的后背是挺直的，所以学琴的人都没有驼背的。

常爸：就您的接触和了解来说，一些家长让孩子去学习小提琴是基于什么样的目的呢？

郭健：这么说吧，有一半以上的家长都是在跟风。他们为的是考学，因为有艺术特长可以加分。也有一些家长单纯是想培养孩子的气质，还有的家长觉得自己已经不缺钱了，缺的是荣誉，想要让孩子带给自己这种满足、喜悦和荣誉感。

当然这也分两头说，抱着功利心的家长，往往非常配合，孩子学得也很认真、努力。有的家长没有明确的目的，就想着能学成什么样就学成什么样，这个孩子多半也不会好好学。所以我觉得功利心有时候也是好事，分怎么看。

常爸：孩子学习乐器，最头疼的就是坚持，对于这点您有什么看法？

郭健：首先，家长的头脑要清晰，你想把自己的孩子培养成一个什么样的人？是一个轻易放弃的人吗？如果孩子不爱上学，你允许他放弃吗？所以，就看家长是否把学琴当成一件可有可无的事，大人的观念很重要。

其次，我始终认为盛年不重来。当然所有的孩子都有爱玩儿的天性，像咱们小时候也都想着，要能成天玩儿该多好呀。但是，人生没有那么多重来的时间。这个时间如果你给孩子一些推动力，正确地去引导他，外加以身作则地去坚持。即使孩子说要放弃，你也要坚定地说爸爸妈妈陪着你，我们一起坚持下去。我相信在孩子成年后，他会感谢你的。

而且，再往远了说，它不只是一种特长，更是一种社交手段。比如孩子出国，用什么来融入当地的圈子？音乐是一个很好的媒介。要是能用音乐去跟别人交流，那么你可能会更快地融入，因为音乐、美术等都是无国界的。

常爸：现在孩子学的东西挺多，都挺忙，练琴该怎么坚持呢？您有一些实用的方法可以分享给广大家长吗？

郭健：如果选择了，就一定要让孩子养成按时练琴的习惯。别今天练，明天不练，或者一有事就不练了。

还有一点要特别强调，很多家长都问我作业跟练琴的关系。现在孩子的作业都多，怎么去平衡这个关系？我的建议是，让孩子回家先练琴。因为他要是先写作业，再故意磨蹭时间，你拿他根本没辙，等作业做完了，家长一看九点多了，快睡觉吧。小孩一想，今天用这种方法得逞了，第二天还会这么做。但是如果让他先练琴，结果可能就大不一样了。因为如果他的作业做不完，学校老师那边没法交代。而且从思维的角度来讲，他在学校已经学习了一天，回家换换脑子也是提高学习效率的一种方法。

不过有些孩子真的是太忙了，怎么办呢？那就分段练琴。例如在吃饭之前练 15 分钟，吃完饭得休息，这个时间刚好可以再练 15 分钟，写作业中间再练 15 分钟，这样一天下来也能练上 45 分钟了。家长要学会找窍门，找方法。

常爸：那在给孩子选择老师时，如何衡量和判断这位老师是好的呢？有没有什么标准？

郭健：给孩子选择老师的时候，最起码的一条原则是：一定要选择那种能多鼓励孩子的，能够跟孩子很好沟通的，如果他不喜欢这个老师，一定不会爱上这门课。

其次，要看老师的专业性。举一个例子，因为我也做比赛评委，我会观察很多孩子，按琴弦的时候，好多孩子按四弦都还像二三弦这么按，他按不实，拉出来的声音就不好听。孩子按三四弦够不着，怎么办呢？加一个舵式动作，这是来源于划船的一个动作，就是把手臂往里让。这是国际大赛的一个要求，也是现在考级的一个重要的衡量标准，但是，很多老师都没有教过这个舵式动作。

一些人可能会惯性地认为你既然会演奏，就一定能教授。但事实不是这样的。我在乌克兰学习小提琴教育时，深刻觉得老师的教学方法很重要。比如说，入门的时候不能太难，我们是一根弦一根弦逐级学的。我不太提倡先学小提琴的一弦，因为它是离手指最近的，也是最不好掌握的。我通常都是让孩子们先学习二三弦。因为二三弦是琴离手指的角度最舒服的，按起来不费劲。所以，教学方法轻松些，孩子们才能更持久地坚持下去。

最后要说的是，每个孩子都有学习的源动力，老师和家长要做的就是鼓励和激发孩子坚持下去。

常爸：您怎么看待乐器考级的问题？

郭健：我觉得不能为了考级而考级。那样，孩子只会拉考级的东西，将来自己不会处理考级以外的曲目，这样是害了孩子，也没有什么意义。很多老师或者家长觉得考级就是成绩的体现，其实这是一个误区。

古人说，授人以鱼不如授人以渔，与其让他学会拉某首曲子，还不如让他学会某个技术点。这样他以后见到的就都会拉了。我从来不花很长的时间给学生准备考级，其实只要把技术点教全面了，考级都能过。

常爸：那小提琴应该怎么选择呢？需要刚开始学就买把好琴吗？

郭健：现在很多人在网上买那种复合板的琴，一次成型，就是机器压出来的。要知道小提琴发声主要是靠木头在振动，复合板没有振动可言。所以，琴最好就是定制，大概几千块钱的就可以。

小孩用琴是根据身高的，一般身高 1.1 米到 1.25 米的孩子，用四分之一的琴，我们都叫“四一”。1.25 米到 1.35 米左右，要用四二的琴。1.35 米到 1.5 米，要用四三的琴。1.5 米以上，就用成人琴了。成人琴我建议用欧料琴，一般三四万块钱，基本上就不用换琴了，也算是一次性的投资吧。

常爸：除了小提琴，还有中提琴、大提琴，学起来有什么不同呢？

郭健：小提琴的技术点是最多的，也最难，很多人穷极一生都掌握不了全部的技术点。

中提琴对技术要求相对低些，但它对人的形体有要求，拉中提琴的人都要相对高些，因为它比小提琴大，音箱比较厚，如果身高偏矮的话，拉着会觉得很痛苦，也会被震得很难受。

大提琴跟这两个都不一样，大提琴的技术点在中提琴跟小提琴之间。它的技术也很多，但是它在持弓上要比小提琴难很多，小提琴和中提琴的弓是搭上就可以，搭上拖着走，这样才会产生振动，产生共鸣。而大提琴是要手完全把弓拿着，悬在那儿的，光空弦就要练半年之久，它对于手部力量的要求更高。

常爸：在学琴的过程中，除了练琴还需要注意些什么呢？

郭健：学琴的过程中多让孩子听一些世界名曲，尤其是多听一些好听的、悦耳的曲目，还可以看一些关于小提琴的电影。所听的乐曲一定要多样化，例如中国的乐曲，西方古典浪漫时期的乐曲，巴洛克时期的乐曲，等等。要让孩子广泛地去接触，要在潜移默化中培养欣赏能力。不能说现在是启蒙时期，我们先听一些简单的。因为对于音乐欣赏来讲，不能用简单或者容易来衡量，每个孩子的欣赏角度都不一样。有的孩子非常活泼，那就多给他推荐一些电小提琴的表演，像古典辣妹组合的四重奏，还有陈美的都可以。总之，只要孩子喜欢，都能起到一个提升学习兴趣的作用。

常爸：非常感谢郭老师能来参加这次访谈，您的这些建议和观点一定能帮助到更多的家长和孩子们。

郭老师推荐给孩子的欣赏曲目

《丰收渔歌》
莫扎特《第三协奏曲》《第五协奏曲》
门德尔松《e 小调协奏曲》
巴赫第一、第二、第三号小步舞曲
戈塞克《加沃特舞曲》
《霍拉舞曲》
贝多芬《春天》
莫扎特《小夜曲》

张译允

11 岁，师从郭健老师学习小提琴三年半。

2016 年，参加第四届“中国梦·全国青年大赛”，荣获小提琴独奏儿童组天津赛区二等奖；

2017 年通过小提琴六级考试。

好妈妈就是好老师

第一次看到译允的照片，他身穿黑色燕尾服，雪白的衬衫，红色的领结——看上去清秀安静、温文尔雅、彬彬有礼，一个词语瞬间闯入我的脑海中：气质。

说起孩子学习小提琴的缘由，译允妈妈回忆，刚开始没想到他这么喜欢小提琴。译允的家人中并没有从事与音乐相关工作的。他的音乐启蒙也许源自爱好各种乐器的爷爷，爷爷没有受过专业的音乐训练，但是爱在农闲时约上三五好友一起吹拉弹唱，妈妈开玩笑说：“译允的爷爷是个民间艺术家。”

8 岁那年，妈妈想要给译允选择一项乐器学习，他们试听了各类乐器课程，小译允对小提琴情有独钟，问他原因，原来是偶然在电视节目中看到著名的小提琴演奏家吕思清在演奏《梁祝》，这让孩子对小提琴着了迷。

起初妈妈不太支持，她认为弓弦类的乐器比较难学，尤其是小提琴，入门会非常辛苦，妈妈跟他讲了以后可能会遇到的困难，译允还是毅然决然选择了小提琴。最后妈妈决定尊重译允的意愿，给他报了小提琴的兴趣班。妈妈说：“事实证明，孩子做出的选择更容易坚持下去。”

最难熬的是刚开始学习的那一段时间。众所周知，学习小提琴大部分孩子会经历一段“锯木头”期——不像钢琴、吉他这样的乐器，即使是入门级，也能弹拨出悦耳的声音。小提琴不一样，没有一段时间的专业练习，也许很长时间内拉出的都是吱吱嘎嘎的声音，这种长时间的煎熬，不仅身累而且心累，孩子会怀疑自己是不是真的能够拉出流畅的音乐。

虽然在郭老师的指导下，译允能够保持站姿、持弓正确，刚开始没有拉出特别难听的声音，但都是空弦，没有旋律，所以拉出来的声音也不算多好听，一支简单的《小星星》就拉了两个月。拉琴的过程中孩子身体也经受了磨炼——长期夹琴，腮帮子会疼痛；左手手臂扶琴做不到收放自如，右手握弓容易变形，弓拉不直。

译允妈妈说，那段时间孩子常常脸上挂着眼泪练琴，她只能一边心疼孩子，一边狠心督促孩子练习，背地里自己也会因为对孩子太严格偷偷流泪，但是她坚信乐器只有坚持练习，量的积累达到一定的程度，才能促成最后的质变。她常常对孩子和自己说："学琴必须要苦练，就像清水穿石。"就这么痛苦地坚持了一年多，译允拉小提琴才渐渐有了起色，后来他开始高高兴兴自觉地去练琴。这大概就是度过了枯燥的磨合期，坚持下来的成就，妈妈觉得这是对译允毅力的一种锻炼，也是对自己作为妈妈的一次重大考验。

译允妈妈说，自己的经验是：学琴之路任重而道远，家长要遵从专业老师的意见。对孩子学琴要少些功利心，要把更多的精力放在陪伴孩子，踏踏实实练琴上。对孩子的未来不设限、不将就，无论小提琴是不是对孩子的学业、事业有所帮助，都不要轻易放弃。因为生活中有音乐为伴、与音符为友，那么不管住在什么地方，处于什么情况下，孩子都不会感到单调、无趣。

虽然上班、照顾孩子很忙碌，但不识乐理的妈妈在陪译允练琴的同时，自己也跟着孩子练。现在她也能看得懂简单的五线谱，会微调琴的音准，手机里也存满了古典音乐的乐曲，欣赏水平明显增长。译允妈妈说，自己最大的梦想就是有一天能够穿上长裙，和儿子一起演奏二重奏！听起来就很美，不是吗？

李旭涛

毕业于解放军艺术学院，师从冯军、张永光、古贺泉；
近 20 年鼓龄，参加过幻世狂想乐队等专辑录制；
乐童乐人现代音乐艺术中心创办者。

架子鼓，炫技并不是音乐的本质

小小常 3 岁的时候，我一直带着他上音乐素养课，他很喜欢上这样的课，全程唱唱跳跳，开心极了。尤其对课上的小鼓情有独钟，每次敲着就停不下来。看他跟着节奏敲敲打打，我也很高兴。其实对于他以后是否要走专业的音乐道路，我还真没想过。这些纯粹是为了启发他的个人喜好，也进行一些艺术启蒙。

但是常妈觉得，要学就学钢琴、小提琴这种高雅的乐器。打鼓在哪个乐团都不会受到重视，而且这种乐器的声音又很大，对孩子的耳朵也可能有影响。后来，我们又带小小常体验过一些其他的乐器，不过他对钢琴之类的真是不感兴趣，最喜欢的还是打鼓。没办法，常妈也只好妥协了，不过她又提出来：要么就学电子鼓，敲起来不比真鼓差，声音也没那么响，样子也好看。

想来想去，我决定还是请教一下专业人士，而且也有不少粉丝在公众号后台留言，说很多宝爸宝妈想要咨询一些关于小孩学架子鼓的问题。

常爸：李老师，您好。关于学习架子鼓，很多家长首先关心的就是架子鼓会不会对孩子的耳朵、听力造成影响？

李旭涛：一般我们都会戴一种叫 Vic Firth 的耳机，它是专门保护孩子耳朵的。戴上以后，基本能降噪 80%，是不会伤到耳朵的。

常爸：那戴着耳机打鼓，对他听音分辨会有影响吗？毕竟隔着一层东西。

李旭涛：没有问题，这种耳机只是衰减高频的，不会影响其他音色。

常爸：大家通常会学电子鼓还是传统架子鼓？因为现在电子鼓也挺流行的。

李旭涛：学就一定要学传统架子鼓，电子鼓不专业。目前市场上为什么流行电子鼓？是因为它比较省事儿，比较方便，而且很有趣味性。它里面有音源，有各种内置音乐，很吸引小孩儿。但是从专业的角度来讲，还是要学真鼓。因为真鼓的音高音低是不一样的，还有一些打法、力度，电子鼓是做不到的。

常爸：孩子在家里练架子鼓，可能会“扰民”，有没有好的解决办法呢？
李旭涛：有几种方案。第一，我们可以用鸡蛋棉、消音棉在房间里简单做一下隔音；第二，在鼓上铺专业的消音垫；第三，把练习的时间段错开。避开邻居的休息时间，同时给左邻右舍送点小礼物，打个招呼；第四，如果以上方案都解决不了，我们可以买一套电子鼓。孩子上课学的是真鼓，但回家练习的时候可以用电子鼓，这样总比不练要好。

常爸：学架子鼓似乎就是学习节奏，不涉及音高、旋律。这跟学钢琴或者小提琴这类的弦乐、管乐有什么区别呢？
李旭涛：架子鼓是打击乐，打击乐里只有马林巴涉及音高音低。虽然架子鼓不直接涉及音高音低，但是学生必须要学。因为打鼓最后的阶段是需要耳朵去听音、听和声，是要和其他乐器一起配合演奏的，不是独立完成的。所以，学架子鼓跟学钢琴或者其他乐器一样，必须学习乐理，主要目的就是听音，听和声，看功能谱。而且功能谱里没有鼓谱，用的是五线谱。五线谱里就有音高音低的节奏，也有升号、还原号等等。你得知道音乐旋律是怎么回事，所以学习乐理很重要，需要和鼓同步进行。

常爸：学架子鼓的孩子能很好地理解和把握节奏。那是不是再学其他乐器，上手会更快一些？
李旭涛：对，会很快。

常爸：小孩儿到几岁时，就可以开始学习架子鼓了？
李旭涛：一般在 4 岁以上，当然有些孩子比较早熟，能听懂老师的话，3 岁也可以去学习。像国外的孩子，很多 3 岁就开始学鼓了。这主要看家庭教育，如果家长懂乐器，从一两岁就开始早教，到 3 岁的时候，孩子基本上就能接受了。

像国内，大部分孩子的家长都不懂音乐，所以他们不能像国外的孩子很早就开始接触音乐。通常 4 岁左右来学习的比较多。

常爸：打鼓适合什么样的孩子呢？是否男孩儿会偏多些？
李旭涛：我觉得这跟性别、性格没有太大关系，主要得看孩子自己喜不喜欢。如果家长有一些特殊要求，比如觉得自己的孩子比较内向，想通过打鼓改变一下，是完全可以的。而且根据我们的了解，学习架子鼓的孩子主要有两种类型：一种是发展型的，一种是生存型的。发展型的就是不管打得对与错，就喜欢叮叮当当敲一敲。这类型的小孩儿需要老师慢慢地去指正和引导，给他讲什么是对的，什么是错的。生存型就是针对比较内向，比较严谨的孩子。如果他对这个节奏把握不准，一定不会乱敲乱打，直到学会了正确的才会敲打出来。

还有一种分类就是内向型和外向型，这两种孩子学会后会形成自己独特的风格。像内向型的孩子，打得相对更内敛一点，不会很张扬。外向型的孩子打起来非常自由奔放，就像人们说的“人来疯”。以上这几种类型的孩子，你能说哪种好，哪种不好？哪种适合打，哪种不适合？很难一概而论。

常爸：学架子鼓对于孩子来说，有什么具体的好处吗？

李旭涛：首先，可以发展小脑，协调四肢。因为打鼓时手脚四肢都要动起来。尤其是拉丁节奏的，还需要四肢分工，手上打的节奏和脚上打的节奏是不一样的。

其次，因为架子鼓的魅力就是节奏振奋人心，打起来热烈、激情，活力四射。这对于调动孩子的积极性很有帮助。

最后，作为打击乐来说，架子鼓门槛比较低，起步容易，孩子更易产生兴趣。当然，说功利一点的话，假如孩子将来去到国外，也好融入当地人的圈子。他们可以通过音乐作为一种很好的文化交流工具。

常爸：很多人都有这样的感觉，觉得在一个乐团或乐队里面，打击乐要比那些高雅的弦乐、管乐要简单一些。实际上是这样一种情况吗？

李旭涛：也可以这么说。打击乐相对简单，却也是乐团乐队里不可或缺的，想打得好也不容易。

打击乐有现代音乐和古典音乐之分。现代音乐叫 Percussion，包含架子鼓、康佳鼓、非洲鼓、沙槌等等。古典音乐则以小军鼓、大军鼓、定音鼓、马林巴这几项打击乐为主。

常爸：现在学儿童架子鼓的孩子好像挺多的，为什么呢？

李旭涛：主要是这些年像“快男超女”“好声音”等综艺节目推动了流行音乐的发展，因为这些比赛歌曲大多朗朗上口、简单易懂。另外，还有各种音乐节，例如张北音乐节、草莓音乐节、迷笛音乐节等，也带动了整个现代音乐的发展。

其实现代音乐不只是流行音乐，它涵盖得范围很广，还包括 Funk、Blues、爵士乐等等。现代音乐的普及也让更多的人认识和了解了相关的器乐。当然家长们知道了，对此感兴趣了，自然就带着孩子来学习了。

常爸：那儿童架子鼓的课程安排是怎样的呢？比如一开始学什么，接下来学什么。

李旭涛:刚开始肯定要从基本功开始，打一些简单的节奏，慢慢地难度会递增上来。同时我们会把一些专业的知识融入歌曲里。这样，孩子学习更有意思，也更容易消化。等到后期就会加上识谱等乐理知识。

但我们学音乐的最终目的不是要把鼓打成什么样，而是要让孩子懂得音乐、爱上音乐、享受音乐。我们会告诉孩子们美国的音乐是从哪里发展起来的，现代音乐的发展从哪里开始。像 Ragtime 是南北战争时期的音乐，一般以行进小军鼓为主。像 Swing 是摇摆爵士乐，起源于美国的新奥尔良。架子鼓的起源就是从 Swing 开始，等等。

常爸：但是给孩子们讲这么专业的知识，他们能听懂吗？

李旭涛：我们不会照本宣科，当然即使跟他讲，他也听不懂。所以我们更多的是让他们去听、去感受各种音乐风格。告诉他们每一种音乐的节奏感是什么样的。慢慢地,他可能会喜欢Funk,也可能会喜欢Blues,每个孩子的喜好都是不一样的。我觉得最重要的就是老师如何去引导他们爱上音乐。使他们从最开始的被动学习到最后的主动学习，这也是教育的关键。

常爸：现在的确有很多艺术教育机构对基本功和音乐史之类的知识不怎么重视，而是很功利地追求表面花哨的技巧。或者以考级为目标，并不会深刻地探究艺术教育的本真。

李旭涛：是的，国内很多机构十分注重技术、技巧。当然技术也很重要，但绝不是我们唯一或者首要追求的东西。就像现在很多演奏家、歌手,单一地为了演而演，为了唱而唱，这是不对的。

十多年前我们做过成人架子鼓培训，主要面对大一些的孩子和成人。当时也请了好多资深音乐人过来教课。但是后来出现了这样的问题，就是这些大孩子的想法和价值观基本上已经成型了，他们已经没有耐心从基础练习开始了。当时我们教授的教材叫作《小林克己》。这个教材是日本出的，内容非常好，主要讲音乐的真谛，音乐史的发展与演变，还摘录了很多世界级经典乐队的演出段落，像深紫、齐柏林飞艇、The Beatles。这本书非常有价值，主要是帮助学习者在学习中找到一些关键的连接点。但是,这些学生并不买账,他们追求的是很花哨的东西，只要打得好，打得快就行，根本不想了解真正的音乐是什么。后来我们就开始研究分析，大家得出的一致结论是，学音乐一定要从小开始系统地学习。等孩子慢慢有了基础，对音乐有了一定的概念，就会找到自己喜欢的音乐。

常爸：您觉得艺术教育的本真是什么？

李旭涛：我认为，本真就是要使孩子懂音乐，热爱音乐，并能用乐器演奏音乐。要想实现这些目标必须要具备乐器的演奏基础，也要经过专业的综合音乐素质培养。我们并不反感花哨的炫技，但如果忽略了基础和综合音乐素质的培养，最后连展示这些花哨技法的机会也没有了。

常爸：谢谢李老师接受我们这次的采访！

陈潇宇

11 岁，四岁半开始师从李旭涛老师学习架子鼓；
2015 年 11 月通过爵士鼓（电爵士鼓）十级；
2015 年获全国鼓手大赛冠军赛自选曲目少儿 A 组亚军；
2016 年 11 月通过小鼓十级；
2016 年参与录制暑期少儿版《星光大道》。

选择正确的前提是了解和理解

从四岁半开始学习架子鼓，至今已经学习 7 年的潇宇，不仅获得过各种大大小小的奖项，还通过了小鼓和爵士鼓十级考试，更参加过大型节目的录制，可以说他现在已经是个酷劲儿十足的小鼓手了。不过架子鼓并不是潇宇的唯一爱好，他还同时在学足球、棒球和篮球，潇宇的爸爸说："只要是健康的，孩子想要学习的，我们一律支持。"

"刚开始让孩子学习架子鼓，是出于什么样的考虑呢？"我问潇宇爸爸。

"男孩子比较好动，体育方面的爱好基本他都很喜欢，但是文艺方面的就有点困难了，比如说钢琴，它比较严肃、严谨，而且需要每天坐着不动弹去练习，我们考虑到小陈可能坐不住，就想让他尝试一下比较活泼、灵动的架子鼓。"事实证明，潇宇爸爸做出了正确的选择。

学习架子鼓，像是为潇宇打开了音乐的大门，也似乎挖掘出了他体内的音乐潜质。潇宇对音乐的节奏感、手脚的灵活性渐渐被激发了出来。潇宇爸爸回忆，潇宇小时候不喜欢唱歌，但是自从学习了架子鼓，便开始对说唱音乐 Rap 着迷，而且还经常学着电视上的 Rapper 一起唱。架子鼓是潇宇特别喜欢的一门乐器，学了这么久了，他从来都没说过要放弃。而且我们和架子鼓老师根本不用过分地监督他练习，他还会看着电视认真练习。真的是家长省心，老师放心，孩子高兴。

说到架子鼓给孩子带来的影响，潇宇爸爸说除了给孩子音乐方面带来更加宽泛的爱好，为文艺方面的学习打下了良好的基础之外，还有很重要的一点，就是学习架子鼓让孩子发自内心地喜欢一个东西，并且深刻地体验到付出就有收获的满足感。

潇宇爸爸说："我们不觉得架子鼓未来能给孩子带来实质性、功利性的收益，也从来不会给孩子传达这种比较功利的想法，只是纯粹地培养一项爱好。像潇宇得过的很多奖，也似乎没有任何‘用处’。而且他现在就读的海淀外国语学校也是通过自己努力考取的，和学习架子鼓并没有太大关系，但是我们还是非常乐意让他学习这门乐器。”

的确，就现状来看，架子鼓在升学方面没有太大优势，而且也不会像其他乐器一样有很多在乐团里表演的机会。如果一些家长因为功利心而对这种乐器有太多的附加期望，那就要大失所望了，就像潇宇爸爸说的：“架子鼓带给孩子最多的是极大的自信心和成就感。”

张　琦

中国民族管弦乐学会会员、社会艺术水平考级考官、国家青少年人才库古筝专业评委；

多次带领学生参加国内外大型比赛，在新加坡、泰国等国，以及香港和台湾地区举办的比赛中荣获“优秀指导教师”荣誉。

古筝，比你的想象更美的“中国钢琴”

《高山流水》《林冲夜奔》，或悠扬，或奔放，作为中国传统乐器的古筝都会演绎得淋漓尽致。而古筝是目前儿童艺术学习领域非常热门的一个项目，除了它的美，也因为它给孩子带来一些其他的可能性。可是，怎么学才正确？除了作为小升初的特长，孩子还会获得什么？家长又该如何陪伴？

常爸：张老师，您好。说到古筝，很多人就会联想到古琴，古筝跟古琴除了弦数不一样，还有什么区别？哪一种更适合孩子学？

张琦：古琴是一种非常古老的乐器，起源于何时已经无从考证了。古筝是从秦朝开始，演变到现在的。这两种乐器的区别在于，古琴古朴内敛，强调的是心境和意境，更适合弹给自己听，声音比较浑厚；古筝比较外向，更通俗化，音感比较明亮、轻快，雅俗共赏。所以，孩子还是学古筝更合适。

常爸：古筝给我的感觉是一种很典雅、温婉的乐器，可是小孩子比较活泼好动。如果学习，他能真的喜欢和理解吗？

张琦：古筝可能是因为历史悠久，至今依然保留着一些古曲曲目，所以很多人认为它很“古”。其实古筝很活泼，也很通俗，不难理解，也并没有那么高冷。

小孩儿刚开始练基本功都比较枯燥，通常这段时间，我会给他们编一些非常简单的带旋律性的小曲子，比如《小星星》《送别》之类的儿歌。假如他只会用一只手指弹，在弹的音中间我也会编一些小调，让孩子练基本功，弹单音的时候也不那么枯燥。如果完全按照书本古板教学，孩子肯定不愿意练。

常爸：刚才您说到古筝历史久远，是不是应该给孩子增加一些国学知识的学习，

这样对弹奏古筝是否更有帮助呢?

张琦：关于国学方面的学习，我觉得不用很刻意。当然，诗词的韵味和古筝的性格很相像，学习一些唐诗宋词，对于古筝的学习肯定是有帮助的。还有一些古曲，比如《渔舟唱晚》《高山流水》《将军令》《林冲夜奔》，学习之前可以给孩子讲讲相关的故事，让他有一个想象的画面，或者给他描述一下这首曲子所蕴含的典故、发生的场景等等，都能帮助理解。

常爸：您觉得孩子几岁开始学古筝比较合适? 像现在儿童艺术启蒙期都是在四五岁或五六岁这个年龄段。

张琦：乐器的学习，我认为在小朋友上幼儿园大班的阶段比较合适。这个年龄段的孩子可以独自上课,注意力集中的时间也长一点,理解能力也强一些。学习音乐、乐器对于孩子开发智力、磨炼意志、锻炼协调性、修炼气质都是有好处的，古筝学习也不例外。

常爸：学习古筝通常是一对一，还是一对多呢?

张琦：都有，一对一和一对多的区别在于教学进度和针对性上。像大班人多，少的时候五六个学生，多的时候有十个人。老师在教的时候要顾及每一个孩子，尤其是初学的时候，教完这个，指导那个，一圈下来，半个多小时就过去了。那相对于一对一的教学，针对性肯定会差一些。

常爸：对于经济成本和时间成本来说，有些家长会有一些误区，觉得大班费用会比一对一便宜很多。先让孩子学学试试看，等学到一定程度了，或者看他有没有这方面的天赋，再让他精细地学。

张琦：我认为不论学什么，一开始就应该认真投入。如果家长都抱着“试试看”的态度，孩子会坚持认真学下去吗? 所以一旦决定学了，最好不要半途而废，试试看的心理在学习上是最不可取的。至于选择什么样的教学方式，根据各自家庭的实际情况而定，但学习态度是关键。

常爸：学琴、练琴需要家长陪同吗?

张琦：都不用陪，家长陪着他会撒娇耍赖。家长不在，孩子反而更加专注。练琴时家长只要起到监督、督促的作用就好。小孩儿都有一定的惰性，爱玩。平时多督促他，什么时间做作业、练琴、吃饭、睡觉，都要成规律。有了规律，到时间他就知道该练琴了。

常爸：可能是刻板印象，很多人觉得古筝就是女孩儿学的。

张琦：这真的是“偏见”，要知道很多门派的大师都是男的。像古筝分很多流派，比如河南筝、山东筝、浙江筝、客家筝等等。很多大师，比如曹东扶、郭鹰、罗九香等都是男的。现在跟我学琴的也有很多男孩子。

常爸：男孩子学古筝，能耐得下性子吗?

张琦：大多数男孩子注意力比较难集中，好动不好静。我有一个男学生就是这样，上十分钟的课，能动八分钟。于是，一开始我就给他安排欢快的小调和曲子，他弹奏起来觉得很兴奋，也很有兴趣。后来有一年考级，我开始让他弹慢曲子，像《寒鸦戏水》这样的古曲。首先我会给他讲与这个曲子相关的故事，然后再找别人弹奏的视频，陪他一起揣摩，告诉他其中的意境，慢慢他就能理解了。现在，他练琴没有那么浮躁了，做事情也专注了许多，我觉得是音乐带给他更多内在的东西，他开始慢慢地吸收进去并反馈了出来。

常爸：现在古筝在很多学校被列为特长。家长让孩子学习古筝的目的是否也有这些原因?您对此怎么看?

张琦：我接触到的通常是两种情况。第一种，家长不希望孩子参加考级，单纯想培养他的兴趣爱好，或者锻炼他的持久性、忍耐性，培养持之以恒的意志;第二种，家长就希望孩子学到一定的程度，能成为小升初的一块敲门砖。

不管哪一种，我觉得事情都有它的两面性，没有对和错。现在的竞争这么激烈，孩子学东西肯定是技不压身，能力和时间允许的情况下当然越多越好。等他学到一定的级别，通过考级、比赛、表演，来证明自己的实力，展现自己的才华，他就会有自信感、成就感。我觉得自信心、自我认同感是比技能更重要的东西，至于是否对升学有帮助，那是一种连带的获得。

常爸：弹古筝对小孩的手指会不会有伤害?

张琦：正常练习是没关系的，因为会戴义甲（假的指甲），不会磨到手指。现在就是8个手指，除了小拇指其他都缠胶布、戴义甲。

常爸：学习古筝，需不需要学习调琴呢?

张琦:像钢琴是固定调,比如C调是1（哆）、2（来）,D调就是2（来）、3（咪）了。而民乐就是首调，永远以1（哆）为准，变调之后，音调升高或者降低，这些弦的顺序就不一样了,琴就需要调。很多老师会教孩子弹琴,但不一定会教孩子调琴。我觉得，学到中高级别的时候，一定要教孩子调琴，这样他的能力才会更加全面。

常爸：古筝是五音调式，宫、商、角、徵、羽，它没有 4（发），没有 7（西）。而现代的曲子肯定有 4（发）和 7（西），也可以用古筝来演奏吗？

张琦：钢琴七个音是全的，而且加半音，所有的音都是全的。古筝只有五个音是全的，表面上只有 1（哆）、2（来）、3（咪）、5（唆）、6（拉）这五个音，它是循环使用的，一共是四个八度。然后另外多一个 1（哆），二十一根弦。它的 4（发）和 7（西）是根据左手的技巧手法把它变出来的，在古筝上叫固定变音。就是把 3（咪）按下去小二度变成 4（发），把 6（拉）按下去大二度变出来 7（西）。所以，现代的乐曲都是可以演奏出来的。

常爸：学会了古筝，再学别的乐器或者西洋乐器会容易一些吗？

张琦：音乐本身都是相通的，掌握好一门乐器之后，再去学另外一种，肯定会容易很多。尽管弹法不一样，但在一些音乐基础理论上，还是相通的。学者接受得快，也更容易一些。所以，不论学什么乐器，乐理是一定要学的。

常爸：古筝是学线谱还是学简谱？

张琦：古筝一般常用的是简谱，到了高级别之后，更专业一些，参加乐团或者需要合奏就要用线谱。对业余入门的孩子来说，大多是学简谱。

常爸：您经常带学生在国外参加比赛，在国际上，古筝的普及和现状是什么样的？

张琦：古筝现在逐渐被世界各国的人们所认可，除了东南亚的国家，还有美洲、欧洲的国家。我们有很多青年的古筝演奏家，会到世界各地去巡演，目的之一也是让更多的人去认识它、了解它、欣赏它。现在古筝非常热门，被称为“中国的钢琴”。

常爸：对于刚开始学习古筝的孩子，应该选用什么样的琴？什么价位合适？

张琦：古筝的规格都是一样的，一米六左右，二十一根弦，我们叫 S 型筝。只不过从木料和材质上来说，如果是红木、楠木、紫檀的可能会更贵一些。刚学时，一般不会买特别贵的古筝，中档的，如桐木、胡桃木材质的，价位在三四千元。将来如果打算向更专业的方向发展，可以换更好的琴。

常爸：谢谢张老师！

卓　凝

第八届泰国世界“金象奖”古筝最高奖；
香港世界青少年“金紫荆花奖”古筝大金奖；
北京民族乐器大赛独奏金奖；
中韩青少年艺术节国际大赛金奖。

热爱教学的小老师

妈妈说，卓凝学习古筝真是一种缘分。在她刚出生几天时，一个朋友送了一架古筝作为卓凝的满月礼物。卓凝很小的时候，很喜欢用手指拨弄琴弦，听古筝琴弦发出的声音。到了 5 岁，就开始正式学习古筝了。

刚学习时，卓凝觉得古筝很有意思。尤其是听到老师弹出悦耳的旋律，看到老师娴熟的演奏技巧，简直兴奋得不得了。但正式开始后，她才知道学习乐器是一件很辛苦的事情，甚至在一段时间的学习后，觉得古筝很难。而且每次弹奏前后，戴指甲、摘指甲让她觉得很麻烦，就出现了抵触情绪。她跟妈妈说：“我不想学古筝了，太难了。”

为了让卓凝坚持练下去，妈妈每次都陪伴她一起去上课，俩人一起学习。但是卓凝上课时精神不集中，回家也不练习。即使坐在琴凳上，也是长时间发呆。尽管父母反复教导，但也没有太好效果。情急之下，妈妈甚至强制性将卓凝关进书房。结果，当然也没有什么效果。

直到有一次，妈妈发现卓凝喜欢指导别人，当别人的“小老师”。于是妈妈调整了卓凝的练琴方法：每天，当卓凝练琴时，妈妈就戴上指甲和她一起练习。卓凝弹一遍乐曲，妈妈也重复弹一遍她刚弹过的曲子。但是弹奏中，妈妈常常会刻意出个小错，让卓凝挑她的毛病。有时，妈妈学得比卓凝快，音也弹得比卓凝准，卓凝就急切地赶紧练习好，要超越妈妈，继续当妈妈的老师。在这个“相互学习、相互指导”的过程中，卓凝渐渐开始认真地对待学习古筝这件事情了，上课也注意听讲了，回家后也会主动练习了。

如今，卓凝已经 14 岁了，尽管并没有打算将古筝作为专业，但依然保持着古筝的学习和练习，现在她已经考完了表演文凭级。

李姗姗

美国 Eastman School of Music 音乐教育硕士；
美国奥尔夫协会会员，获美国奥尔夫认证 LEVEL II 教师资格，美国柯达伊认证 LEVEL II 教师资格，美国大学理事会课程 AP Music Theory 官方认证教师；
AI 音乐学院亲子课程导师。

尤克里里没你想的那么简单

尤克里里作为一种乐器在孩子和年轻人中越来越流行，有的小学还开设了尤克里里的兴趣班。但是，有的家长也会疑虑：这样的“流行乐器”适合小孩学吗？琴弦会不会伤着孩子稚嫩的小手啊？对以后升学没啥用处，学它干什么？而对于音乐，更具体一点说，对于孩子学习乐器这件事，我们究竟应该抱有怎样的认知和观念？

常爸：网上说：“学习尤克里里，只需要十分钟，几乎不需要具备任何的乐理知识，也不需要有任何的音乐基础就可以弹唱一首歌曲。”这样的说法靠谱吗？

李姗姗：首先尤克里里确实比较容易上手，这是由于这个乐器本身特殊的构造和特质。但是如果想要达到更高的水平，还是需要音乐理论来支撑。有些人对“乐理知识”这个概念有一定的误解，“乐理”指的是很宽层次的音乐理论，它涵盖了从音符的名称、节奏、书写、和弦到和声等方方面面。初学者即使没有任何音乐基础，也可以通过学习简单的和弦来为一些小曲子伴奏或弹唱，其实在这个过程中用到的和弦就属于乐理知识。所谓的乐理知识在乐器的学习过程中肯定会接触到的。

常爸：音乐确实给人带来了愉悦和美的体验，但更深层次的学习肯定有许多难题需要克服。作为老师，在这个过程中要如何帮助孩子们？

李姗姗：这就取决于老师的教学理念及方法了。每个孩子学习乐器的目的都不同，我会根据这一点来因材施教。同时，在课堂上也会为孩子们提供各种音乐的表达和展现形式，丰富教学内容，让他们接触不同的器材，了解不同的音乐，营造一种探索音乐的氛围。

此外，学习音乐，小朋友、老师和家长这三个方面都需要高度协调配合。课堂上有老师，课下就需要家长做好引导工作了。家长可以参与到孩子的音乐练习和实践过程中，在陪伴的同时也可以让孩子反过来教家长，从而增强小朋友的成就感。或者家长和小朋友合作完成一项练习，以此来激发孩子的学习热情。

常爸：那您是怎么接触到尤克里里的呢？

李姗姗：第一次注意到这个乐器，是我去美国小学教学的时候。那时，我发现当地的老师在上课时经常会用到尤克里里。它的体积小，也便于携带，容易上手，适合运用到学校的教学中，以丰富教学形式。

我从小学的是钢琴，也最擅长钢琴。后来去美国读研究生，期间选修了很多其他的乐器，包括小号、长号、架子鼓、爵士鼓。我觉得所有乐器的基础音乐理论是相通的，区别在于每种乐器都有独特的演奏技巧，而这些技巧又是可以通过练习掌握的。所以我就自学了尤克里里，这对我来说还是挺容易的。

常爸：尤克里里和吉他有什么不同呢？哪个更适合孩子学？

李姗姗：它们都属于弦乐，区别首先在于弦的数量，尤克里里是四根弦，吉他是六根。弦越多弹奏难度越大；其次，它们的大小不同，吉他的弦比较长，个头比较大，音域相对更宽，能演奏的音符更多；最后，弦的材质也不同，尤克里里是尼龙弦，按起来比较轻松，吉他是金属弦，手容易疼。当然，古典吉他也是尼龙弦。即使有这么多不同点，我觉得更重要的是它们的相同点，吉他的演奏技巧与尤克里里是相通的，学过吉他的人弹尤克里里就很容易了。

而对于小孩子来说，最重要的还是看他更喜欢哪种乐器，有了兴趣以后才会保持玩乐器。有时，家长可能会以自己的喜好和认知为基础去为孩子选择，反而忽略了孩子本身的偏好。其实乐器的种类很多，要让孩子对不同乐器有个初步的认知再做选择。

常爸：有些家长其实也不知道孩子喜欢什么。从教学经验来看，您觉得孩子选择乐器主要遵从哪几点？

李姗姗：主要有四点，音色、音域、外型和演奏方式。通过这四个方面可以大致确定孩子偏爱哪种乐器。当确定了某类乐器后，便需要考虑孩子的年龄，尤其是他的生理年龄，比如手的大小、力量是否适合演奏该乐器。再次是音乐年龄，通常是指孩子需要对音的高低、节奏的快慢有一定的认知，再去学习乐器。最后是心理年龄，孩子能否承受老师指出他错误的压力等等。以我的教学经验来看，通常 4~5 岁就可以开始一对一的乐器学习了。

在美国，学习乐器之前，小朋友会先参加音乐的集体课，其中包括音乐的游戏活动，了解各种乐器，了解音乐的基本概念，学习时间会持续到 1~1.5 年。

常爸：您说的音乐集体课应该就是音乐素养课，作为家长在家里该如何操作呢？通过播放乐器演奏乐来刺激孩子的认知和兴趣吗？

李姗姗：对！您说的是家长在家庭中营造一种音乐氛围和环境，这对小朋友来说是很有帮助的。小朋友需要在一个由各种音乐组成的环境里，从小养成音乐无处不在的观念，等到以后他们去学习乐器也就顺理成章了。家长平时要尽可能地给孩子讲讲音乐故事，介绍一些音乐家，一起听听不同类型的音乐等等，这些都是有帮助的。其实，音乐的学习与饮食一样，需要"荤素"搭配，能接触各种不同形式的音乐当然很好。

常爸：对于尤克里里的学习，现在有成熟通用的教程吗？

李姗姗：通过我对国外音乐环境的了解，目前比较成熟的教程是针对成人的。我在对小朋友进行教学的过程中会根据每个孩子的学习目的、音乐能力等情况量身准备材料。

常爸：尤克里里有自己适合的音乐类型吗？它是否适合所有的音乐类型？

李姗姗：每个乐器都有自己适合的音乐类型，这是一定的，我个人认为还没有哪种乐器适合表现所有的音乐类型和风格。而我们学习乐器的目的并不是要让它演奏出所有的音乐类型。乐器更像是人身体延伸出来的部分，我们可以把它当作一个工具，去更好地体验音乐、了解音乐、表达音乐。我们要做的只是把这个工具运用好。

常爸：孩子学习到一定程度后，需要引导他去尝试创作一些小曲子吗？

李姗姗：创作在音乐的学习中是一个偏后期但又很重要的部分，只是国内还没有引起重视。可能一些老师，自己也没有学过创作，所以很难去教孩子作曲和即兴发挥，这是很可惜的。通过创作来表达自己的想法，并用音乐的形式展现出来，这对于学音乐的人来说，是特别重要的。我在教学中会教孩子根据一些简单的和声、情景等去创作一些小的旋律，学生自己能够创作出小的作品，哪怕很简单，也会有巨大的成就感。

常爸：很多家长觉得尤克里里像是一个流行的夏威夷民族乐器。它似乎没有钢琴、小提琴的血统那么纯正。

李姗姗：所有的乐器都像是一种工具，学习乐器并不只是为了学习它的演奏方法。通过对一种乐器的学习，我们可以去欣赏、理解更多的音乐作品，并从中获得美的体验。我觉得没有正不正统的说法，还是要看学习者的目的和喜好。

常爸：您建议孩子平时多练习吗？

李姗姗：熟能生巧，经常性的练习对于小朋友提高音乐方面的能力一定是好的。对于一些还不能够长时间坐得住去练习的孩子来说，可以尝试短时间（4~5 分钟）的多频次练习。

常爸：很多老师对考级有自己的看法，觉得考级没有太大意义。但是检验一个人的学习水平总要有审核标准吧？您的看法呢？

李姗姗：一些家长觉得考级是学习乐器的目的，这就本末倒置了，很多老师是不赞成的。考级是可以检验一个人阶段性的学习成果，但它只是一把尺子。如果只是练习考级的那几首曲子，对孩子在音乐方面的培养意义不大，也容易打击孩子的积极性。

常爸：回到音乐本质，您觉得人为什么要学习乐器、学习音乐呢？

李姗姗：相关的科学研究表明，人在从事音乐活动时，目前已知的人的全部大脑和小脑区域都能被调动，从而促进多巴胺的分泌，使人心情愉悦。

根据我的教学感受，音乐中可以学习的维度有很多，涵盖了音色、音域、节奏、和弦等多种元素。通过不断的音乐学习，能使人逐渐对周围声音的敏感度和辨识度大大增强，这种能力甚至可以扩大到人对外界环境的感知能力。

还有一些人，他们很享受通过乐器、音乐创作或者某种音乐形式去表达自己的过程，这种表达是言语无法做到的。音乐是偏感性的，每个人都可以有自己的理解，它包容所有的人。

常爸：音乐是一门艺术，能让人产生美的感受，音乐中会有负面的东西吗？

李姗姗：也不是负面，只是有些音乐让人难过，有些音乐让人兴奋，有些曲子是大家不喜欢听的。而音乐的意义、情绪，很多时候是人主观赋予它的理解，每个人对音乐的喜好都不同，就像每个人对事物的观点和认知也不同。

常爸：您每次掌握一种乐器时，会有不同的感受吗？

李姗姗：当我不了解一门乐器时，对它的评价都是出于以前的认知，而这些认知可能是不正确的。当掌握了一门新的乐器时，我能更容易理解这门乐器所代表的作品，更能体会到那些音乐家的伟大。新的乐器拓展了我对音乐的感受和认知，体会到音乐的层次之广之深，也体会到了什么叫经典。

常爸：您近几年有什么规划或目标吗？

李姗姗：未来的 3~5 年，还是会在音乐教育、国际教育的领域深耕，之后有继续出国深造，攻读音乐教育博士的计划。

常爸：姗姗老师加油，也谢谢您的分享。

何 臻

九岁半，学习尤克里里 3 年。
2016 首届 CIP 国际吉他邀请赛尤克里里青少年组第一名；
2016 年 12 月成功在深圳举办尤克里里个人专场音乐会；
2017 第四届尤克里里中华杯指弹大赛儿童组冠军；
2017 第一届“吉他中国”尤克里里大赛少儿组冠军。

好爸爸成不了好老师?

何臻六岁半开始学习尤克里里，至今已经学习了三年，而在这之前，他没有上过任何课外班和学前班。

何臻喜欢尤克里里很大程度上是受到了爸爸的影响。爸爸是大学音乐公选课的老师，尤克里里是何臻爸爸那几年比较喜欢玩的一个乐器，身边很多同事、朋友经常带孩子到家里来请教他，但是爸爸从来没有刻意教过何臻这个乐器。后来，爸爸妈妈发现何臻有时候会拿着爸爸的尤克里里玩，了解后，何臻表现出很大的热情，就这样爸爸妈妈请了老师开始教他学习这门乐器。

“何臻爸爸对尤克里里研究很深，为什么不自己教孩子，还要请老师教呢？”我问何臻妈妈。

“我们一直认为爸爸当不了自己孩子的老师，那样的关系，会让父子和师生角色模糊化，没有边界感，孩子会抵触，爸爸也会烦躁。所以从一开始我们就请了专业的老师给何臻上课，这样不仅能够学得比较系统，更重要的是，让孩子上课有一种仪式感，能够以端正的态度投入进去。爸爸会在孩子身边陪练、陪玩，但是从不会干预老师的教学。教孩子学琴是老师的任务，爸爸的任务是放低姿态，做一个和孩子平等的玩伴。”何臻妈妈这样解释。

爸爸虽然不会直接教何臻如何弹奏、表演，但是还是以另一种方式，影响着何臻的音乐成长。“何臻爸爸教的方式不同于老师，他会教得了无痕迹，就像是一种软植入。”妈妈说，“有时候车上的广播中传出一串音乐声，爸爸就会很好奇地与何臻讨论这是什么调子，何臻会饶有兴趣地拿起琴来拨弹，有时候爸爸故意很着急地想知道某个曲调怎样弹，何臻也会很乐意地去找，当他弹出来之后就会非常自豪。”在妈妈看来，爸爸和何臻音乐方面的探讨都是有针对性的，有时候说着说着就把乐理知识带出来了，然后随手拿起琴来和孩子说这个音应该怎么弹，还让孩子尝试弹给他听。

虽然爸爸会潜移默化教何臻很多东西，但是系统的学习爸爸妈妈还是会交给老师教授。至于怎样和老师沟通，他们坚持的原则是，既然选择了这位老师，就应该充分信任老师，教琴的任务全部交给老师，放手让老师去指导，家长不应该干预太多。

何臻学习尤克里里一年后就开始陆续参加各种比赛和演出。这些活动让孩子变得很自信，并且在过程中看到别人的优点，这些都促使孩子更加进步。不过说到未来的规划，何臻妈妈说："孩子内心喜欢的东西很多，他认为他能够做得好的事情也很多，他的优势不只是尤克里里，只要各项能力建立起来，未来做什么都不会有问题。"

狄佳文
浙江省少儿广播合唱团常任指挥。
荣获 2015 年国际华人合唱大赛（新加坡）童声合唱组冠军以及优秀指挥奖；
2016 年第九届世界合唱比赛（索契）青混组金奖、童声 A 组金奖、民谣组金奖等诸多奖项。

放松，每个人都适合歌唱

在“常青藤爸爸 APP”上我推出了很多旋律美妙、歌声动人的国学儿歌，很多爸爸妈妈在后台询问，这些小朋友怎么唱得这么好？是不是他们就是天生会唱歌的孩子？他们在哪里学的？我家孩子也能唱得这么好吗？还有人询问，我家娃唱歌跑调啊，是不是没救了？于是，我请来了浙江省少儿广播合唱团的常任指挥狄佳文老师，让她从专业的角度来和我们聊聊关于孩子学唱歌、学声乐的事情。

常爸：狄老师好，一般多大的孩子适合开始接受声乐训练？

狄佳文：如果是专业的声乐技术训练，要等到七八岁以后再开始；如果是广义的声乐和合唱训练，我觉得三四岁就可以开始了。为什么呢？因为不同的年龄段，训练的方向不同。如果这个声乐老师或者合唱指挥比较有经验，在教授学龄前的孩子时会多做一些简单的节奏、八度以内音准的歌曲练习。重心多在孩子们对音乐的感知力和表现力上，专业技术教学会淡化很多。因为学龄前阶段的培养方向不是要把孩子训练成一个技术型的歌唱者，而是让他们培养、训练感受音乐和表现音乐的能力。

常爸：喜欢唱歌，但是唱歌跑调的孩子适合学声乐吗？

狄佳文：小孩唱歌跑调很正常，因为他的声带控制能力还比较差，这是生长过程中的正常现象。还有一个原因就是他听的时候就是错误的，这叫输入不正确。而他唱的时候却以为是正确的。

其实训练音准相对比较容易，如果家里有钢琴，会弹奏的家长可以在钢琴上弹一组音高，让孩子进行模唱。如果没有钢琴也没关系，让老师或家长来范唱，如果孩子模仿的是跑调的，那么大人就模仿孩子跑调的这个音，唱给他听。他听了就知道，哦，我唱出来的音高从外耳听到原来是这个样子。通过明确往上或往下的音高走向，引导孩子准确清晰的发音，经过周期练习，他就可以唱准音了。

所以，如果你的孩子唱歌跑调，能进合唱团也是个好事，因为有其他的同学会给他做一个音响示范，慢慢地，他演唱时就不跑调了。但是，这需要一定的过程，也需要孩子的主动性。

常爸：现在有哪些机构可以让孩子去学声乐？

狄佳文：因为我在杭州，简单说一下杭州的情况。比如我们浙江广播少儿合唱团，除了不同梯队的“表演团”“小巴赫团”“小莫扎特团”之外，下面还有些苗苗团，主要针对学龄前的孩子。还有像“麦麦童声”这样的商业机构，也在教孩子唱歌。他们教育的优势之一，是利用专业的录音技术，让孩子更客观地去听自己声音的问题，并去解决问题。如果没有这种录音，很多孩子对自己声音是没有客观感知力的，他并不清楚自己的声音用外耳听起来是什么样子。有了录音，孩子就可以听出哪里需要改进，哪里需要处理，非常直观。

常爸：可是参加合唱团要通过考试吧？

狄佳文：对，是要考试。合唱团挑选团员，首先当然是看孩子的歌唱技巧，还有就是他的表现能力，但音乐表演的综合能力是最重要的。

常爸：具体要考些什么呢？

狄佳文：首先是录入方面，包括读谱能力和倾听能力。看着谱他能直接唱出来，如果不会读谱，能看出节奏也可以。然后就是倾听，比如说我弹，让他来模唱。其次是输出方面，看他对音准、节奏的表达是否准确。另外，他自己要准备一个作品，这是考察歌唱技巧。还要看他有没有模仿能力，是否能与别人配合。合唱团的合，不是和起来的和，而是合作的合，所以它更需要一种合作的精神。

常爸：学器乐对于学声乐有帮助吗？

狄佳文：一定是有帮助的，一个是音准方面，一个是读谱能力。我小时候就是学了钢琴，觉得很有帮助。但也不是绝对的，比如工业革命前，巴洛克时期，冶金技术不发达，器乐不能大批量地生产和制造，所以艺术家们大力地提高声乐技术，使得人声技术达到空前绝后的高度。所以后人在演奏器乐时，也经常会提到演奏要有歌唱般的呼吸，因此，说器乐和声乐是相辅相成的关系更为恰当。

常爸：据您的观察，独唱的孩子和在合唱团里的孩子，有什么不同？

狄佳文：这是两种不同的歌唱方法，个性的和共性的唱法。比如，某孩子的声音比较明亮，但是合唱团目前练习的作品追求缥缈空灵的音色，他就必须要配合着大家，努力做出缥缈和空灵的声音，这样的角色转换会让他歌唱的技术更加多元化。而在独唱的时候，孩子们也需要追求自己个性的声音，所以我也很支持我的学生们去学独唱。

常爸：哪种类型的孩子不适合学唱歌，哪种类型的孩子又特别适合学？

狄佳文：我觉得好像没有什么孩子特别不适合学唱歌吧？我有一个学生有抽动症，有时候会发出一些怪怪的声音，尤其在安静和紧张的时候。但是在合唱团里他就没有这种情况，专注度会让他全身心投入到音乐表现中，同时对他这个症状还有辅助治疗的作用，我还挺高兴的。

常爸：现在有很多学过唱歌的孩子，表演腔、鼻音特别重，对歌曲的理解、情感、表现都是模仿成人化的东西。对此您怎么看？

狄佳文：我觉得老师很关键，老师一定要懂得并认同声乐是追求自然的艺术。可能有些老师自己并不知道什么样年龄段的孩子适合什么样的音域，适合多么复杂的节奏，所以他在教学的时候违背了孩子们的常态，而用成人的东西来表现。

柯达伊教学法，是我们学音乐教育学必须要学的教学法，它会把不同年龄阶段如何做音乐训练，比如说音域、音色，音乐基础知识，变声期的问题等，均做出罗列和解答，非常清晰、科学。

常爸：如果孩子还没有学习声乐，家长可以先找一些儿歌给孩子听吗？

狄佳文：我觉得不一定只听儿歌，可以听很多种音乐，流行音乐、古典音乐都可以。但听的方式有很多，当背景音乐听，或者用欣赏的心态听。如果孩子感兴趣，一定会询问这是什么，家长就可以介绍说这是海顿的著名交响乐，那孩子也会听得更主动。

常爸：在孩子学习的过程中，家长会有哪些误区吗？

狄佳文：很多中国家长有这样的一个心态，比如，送小孩儿去学英语，就会问我报了你这个班，孩子到时能考到多少分？再比如学钢琴，他会说我学三年了，你还不让我考五级，我这三年都在学什么？学唱歌，会说我都学了这么久，连个小字二组的 g 都唱不上去？就是很功利的一种学习心态，这在艺术方面一定不可取。因为艺术教育更多的是对素质的培养，而素质是很难用答卷和考分来衡量的。况且大量的、高难度的训练对孩子的声带是不利的，如果长期这样训练，有些孩子就会得声带小结，得不偿失。

我觉得大家太注重技术，而忽略了对音乐文化的感受。其实，等到我们逐渐长大，能支撑我们的，能抚慰我们心灵的，其实不是强音，而是音乐文化。

常爸：童声合唱里，孩子们还会演唱多种语言的曲目，比如法语、意大利语、韩语等等。这是为什么呢？

狄佳文：我们曾经在一场音乐会上唱过 17 首不同语言和风格的作品。韩语是找韩国人教的，西班牙语请学西班牙语的学生来教，尽量做到发音地道。我认为语言是一个民族文化的浓缩，我们去唱多种语言，就会了解更多的民族文化。

实话说，孩子们学习的时候是有点吃力，但是我一直鼓励他们。我说我们一定要“多吃点菜”，只有你广泛地涉猎，才能知道自己最喜欢什么，最适合什么。

常爸：您觉得咱们国家的孩子和其他国家的孩子相比，有什么不同？

狄佳文：在生活习惯和性格上，我倒没有太多的感受。哪里都有熊孩子，国内国外都一样。只是我觉得中国的孩子太认真，不放松，当然这不是孩子自身的问题，而是教育的问题。2016 年我们参加世界合唱比赛，获奖回来后，在观看我们的比赛视频时，我就陷入一个自责的状态中。我觉得给孩子们的压力太大了，他们觉得这就是一个比赛。大家在舞台上尽管表现得非常投入，但明显能感觉到他们很紧张，而这种紧张就是因为我们太认真，太想赢。这其实违反了艺术的本真，就是太想拿到这个成绩，所以表现就变得不恰当了。

认真是一种习惯，但不是枷锁。很显然，我们在比赛时已经把它变成一个枷锁了，而没有把它当成我们平时的一个好习惯。我觉得我们应该也是可以养成这个好习惯的，这也是我接下来要研究的一个方向，需要我们教师不断为此思考和努力。

常爸：谢谢狄老师的分享！

豆　豆

10 岁，浙江少儿广播合唱团成员，学习合唱 3 年。

2016 年 7 月在俄罗斯参加世界合唱比赛，获得童声组冠军赛金奖；

2017 年 1 月成为知名公众号“常青藤爸爸”古诗新唱的签约小歌手，持续录制古诗词歌曲，传承经典。

挑战是一种勇气，更是一次收获

听过常爸出品的《教孩子唱学最美古诗词》的读者，一定会记得音频中那个清丽美妙的女童声，那就是豆豆的声音。

从小，豆豆就是一个喜欢唱歌的女孩儿。因为她的妈妈爱好音乐，豆豆便在妈妈的引导下走上了音乐之路。不到 10 岁的她，学习音乐已经 3 年多了。幼儿园大班时，开始学习钢琴；小学一年级开始学习声乐；7 岁，考入浙江省少儿广播合唱团开始学习合唱；9 岁，已经与自己所在的合唱团一起荣获了世界合唱大赛冠军赛金奖。

刚刚加入合唱团的时候，豆豆还经历了一段时间的不适应期。彼时，她是合唱团里年龄最小的孩子。合唱团课程很紧张，难度大，豆豆有些疲于应付。当时，合唱团正好要去参加一个意大利青少年歌剧节。豆豆有点畏难，不想去。妈妈鼓励她，希望她能参加这个歌剧节。妈妈还做了一个大胆的决定，让豆豆独自跟着团队去意大利，自己不陪同。在这次歌剧节比赛期间，豆豆和合唱团的伙伴们建立了深厚的感情，和合唱团的狄老师也更熟悉了。回来以后，妈妈明显感觉豆豆各方面的成长。原本让豆豆觉得有些困难的合唱团课程，也不觉得那么难了。

适应合唱团训练的同时，豆豆也没有放弃钢琴的学习。用妈妈的话说，钢琴和合唱的学习是相辅相成的。最直接的体现就是看谱能力的提升。在合唱团里，每当学习新的曲目，老师都会要求团员们尽快背下曲谱。豆豆在这个过程中，练就了很好的读谱和记谱能力。钢琴老师经常向豆豆妈妈表扬豆豆：“她的看谱能力又提升了。”同样，豆豆在钢琴课上学到的曲目如果正好是她合唱的曲目，她就对曲目本身有了更深的理解，演唱时也能更好地表达出来。

现在豆豆不仅练习合唱，还在学习独唱。说到未来，豆豆也希望往音乐的专业方向发展，不论是独唱、合唱还是钢琴，都想要坚定地走下去。

苏清华

儿童美育专家，家庭美育推广人；
创办北京孩子·艺术儿童美育工作室；
出版儿童美育专著：《艺术人生的开端》；
国内第一个绘本美育研究者，并成功举办四届绘本美与教学研究成果展，出版《七彩云美德绘本系列》。

教法不对，还不如让孩子随性涂鸦

孩子几岁学画画合适？学画真的可以培养孩子的创造力吗？教法不对，还会破坏孩子的想象力？绘画机构多得像天上的星星数不清，家长该如何分辨优与劣？

常爸：说到画画，几乎所有的家长都关心的首要问题——孩子几岁开始学合适？

苏清华：我觉得孩子几岁就可以开始“学”画画是很难界定的。因为每个孩子都是不一样的，男孩儿和女孩儿也不一样。一般女孩儿的涂鸦敏感期会来得早一点，对画画的感觉、热爱和兴趣都比男孩儿早。男孩儿通常会晚一些，但也有例外。

常爸：孩子的涂鸦敏感期一般在几岁？

苏清华：大家都想要一个一刀切的年龄限制，其实并没有明确的说法。但有一个大概的范围，就是3~6岁，通常这个年龄段是孩子绘画最珍贵的时期。他们对绘画最感兴趣，绘画能力增长速度也最快。

常爸：0~2岁呢？

苏清华：0~2岁是孩子对世界的一个感知时期，他们喜欢接触和探索。两岁的孩子刚开始握笔，握得也不是很好，还不能用画画去表达自己。所以他们只需要感触色彩，感受线条。这个时期的孩子会觉得画画很有趣，主要表现就是会到处去画，想要拿着笔去探索世间各种各样的东西。

3~6岁是一个比较敏感的时期，孩子们急切地想要表达一些什么。主要表现就是会在一张纸上用讲故事的方式，天马行空地去画各种各样的东西。

你刚问孩子具体到几岁可以开始学画画，这也是多数家长都想要的一个标准答案。让我说，3岁、4岁或5岁？这都不确定，因为每个孩子不同，还要看这个孩子在不同时期的需要。当然，一说到学就要谈到教了，还要看怎么去教。我一直不主张老师画一张范例，然后让孩子照着去画，或者教给孩子各种绘画的技巧，这对他们来说并不好。

常爸：那画画应该教什么，怎么教呢?

苏清华：我觉得教师应该具备很重要的一点，就是学会用引导、赞赏、鼓励的方式去教育孩子，让他们对绘画产生更多的兴趣。比如我们目前的课程设计，3~4岁的课程，并不会单纯的让小孩画一头具象的大老虎，而是要用一种引导的方式，让孩子把自己的想法尽可能地展现出来。

在我看来，目前艺术教育遇到的最大的问题就是解决个性化的问题。不是所有会画画的人都能教画画，比如一个老师画了一个大机器人，全班同学都画这个大机器人，然后孩子们还挺崇拜这个老师，这也变成了教育的一种方式。其实，这个所谓的“老师”也许是不懂教育的。真正的绘画老师，一定是既会画画，也要懂教育，这样才能真正地教好孩子。

常爸：您刚才说要看孩子的个性，一些家长就会问，怎么看我的孩子有没有画画的天分呢?

苏清华：要说天分，我觉得特别小的孩子要看他的兴趣，大一点的孩子看他的执着程度。孩子有兴趣，也喜欢，并坚持一直画下去，他就有天分了。而且大一点的孩子这方面会表现得更清晰。比如一个10岁的孩子，他对绘画有没有很大的兴趣?他是否觉得画画是一件幸福的事情，是一件能够表达自己的事情?他的画以及绘画的造型能力与同龄的孩子相比有很大的不同，如果答案是肯定的，一般我们就会觉得这个孩子是有天分的。但是你不能在他3岁的时候就判断他有没有天分，他还没有接触过绘画，怎么知道有没有天分?

常爸：画画为什么可以培养孩子的创造力?您为什么要让孩子画绘本?

苏清华：你发现了吗?所有的孩子都喜欢故事。而画绘本是最能表达自己的一种方式。因为这个故事一定是孩子自己编的。所以画绘本的同时也会锻炼他的写作能力。而且，随着孩子的成长，他对绘画会有自己的要求。此时，他就是编辑、导演、演员。等到全部画完，还要做封面，要剪、贴、折腾，他又变成了设计师，所以整个绘本的生产过程，是一个非常享受的、表达自我的过程，它能锻炼孩子的表达能力、绘画能力、创造能力等等。

在这个方面我可以自豪地说，我是国内第一个把绘本美育引到美育教育中的人。

常爸：您的这种方法和理念，是从自己孩子身上发现的吗？

苏清华：是的，我女儿在三四岁的时候，我发现她喜欢画故事。一开始，她不知道分页画，就在一张纸上画。经常画得满满的，最后都涂成黑疙瘩了。我当时并没有干扰她，就让她一直跟着自己的感觉随意画。等到她四五岁的时候，我就开始让她分页画了。

我是从 2004 年开始，把绘本美育导入我的美育课程里面，希望通过欣赏绘本里的图画来培养孩子的美感和审美能力，通过讲绘本故事来培养孩子的美德。后来，在陪女儿画画的时候受到了启发，我就开始让孩子们自己画故事、画绘本。

常爸：那么绘画老师的作用是什么呢？

苏清华：在我的教育里面，我认为老师就是客体，孩子才是主体。老师不是一个拿着范本、模子教授孩子的人。因为孩子心里的故事你是不知道的，所以老师能做的是什么？就是在孩子绘画的时候，出现了困难和需求时站出来引导和帮助的一个角色。举个例子，有一个孩子在做绘本时说："老师我不知道水泵怎么画？"我就跟他一块儿想，我说："水泵首先应该有根管子，它是要抽水用的，对不对？它也应该有储存水的地方吧？咱俩一起设计一下吧。"我们俩琢磨了一会儿，他就说："老师我已经知道怎么画了，你走吧。"此时，我不会再多地干扰他，就走开了。而他早已津津有味地画起来了，这就是老师的作用。

常爸：不同年龄段的孩子用什么样的材料和笔画好呢？

苏清华：在孩子口腔探索时期，他会把摸到、看到的东西都放进嘴里咬一遍，这个时候就要选植物性的、水性的颜料。还可以捏面团，最安全了。再稍微大一点他能够画出线条的时候，可以用彩色水性笔。涂色的时候还可以用水彩毛笔，一笔下去就是一个面，涂起来很轻松。我们要根据孩子的需要给他提供材料，这样孩子就知道线和面要结合起来。几乎画家能用到的我们都能给孩子用，只要是健康的就行。我认为软性的、硬性的都可以让孩子试试，因为它会锻炼孩子的触觉，孩子使用不同的笔，触觉是不同的。

常爸：那比如孩子到 10 岁了，还是很喜欢画，画得也不错，是不是就该学素描技法了？

苏清华：这十几年我们发现，为什么 3~10 岁的孩子学画画特别多？而 10 岁以上的孩子，要么走专业路线就被送去学习素描、造型等能力；要么因为文化课课业负担加重，不再学习画画了。其实我觉得画画是人生很重要的一件事情，它是最能够表达自我的一件事情。孩子如果非常喜欢画画，并能一直画下去是非常好的。

但是有很多家长认为，素描就是基础，我就让孩子去训练素描。

我在画素描时的感受是万分痛苦的，其实中国是一个没有素描传统的民族。西方的艺术教育引进中国的时候，中国是没有素描的。但是中国人的造型能力就不强吗？像永乐宫壁画、敦煌壁画里面的那些人物造型，多有意思啊，而且造型、比例都很准确。当时，中国的照相技术不是很发达，徐悲鸿和刘海粟等人去到国外，一看人家画得很扎实，素描功底很强，觉得这是一个考核造型能力的标准，于是就把它引进来了，并且成为我们学院派一种培训方法。但是因为现在高考考试都要考素描，这种应试教育使得我们的教育体系逐渐就把它作为教学的目标之一了。

我在大学教书时，看到很多大学生画素描时，就是三大面、五大调子，打结构、打框架等等。我让学生用笔随意地用线条画一个东西，居然不会画了，也不知道怎么画。他们解释说，我一直在画静物，不太擅长画动物，或者我不太擅长画人物。我越分析这些原因，越觉得害怕，因为很多人根本不能从这种所谓科学的技巧和方法里面走出来，最终丢失了艺术最本真的东西。

在我们国家，不仅是大学、中学、小学，甚至一些幼儿园都在训练孩子们素描。为什么我一直不把它叫作素描而叫训练？是因为确实在训练。

孩子的天性是想象的，是创造的。训练是什么呢？你肯定见过马戏团训练小动物，训练就是用暴力和强制力，强迫你反反复复去做同一件事情，直到接受了它为止。但是绘画是有灵性的，它是表达自我的，如果你反复地训练，真把孩子训练成马戏团的小动物，那他们还能够自由地在草地上奔跑吗？

中国的艺术其实是抽象的，是最具想象力的，你回想一下，中国的天使是不长翅膀的。

常爸：中国的天使？

苏清华：是呀，中国的绘画里是有天使的。你想想，我们敦煌壁画里的天女散花，那些仙女就是天使呀。

常爸：那不也是具象的人吗？

苏清华：她是人啊，但是她不长翅膀呀。我的思想飞在天空，我的身体就飞在天空，我没必要非得长双翅膀。我为什么一定要借助翅膀才能飞上天空呢？你看敦煌壁画里那些天仙女，衣服周围会画几根飘带，而且这些仙女个个儿都肉嘟嘟的，却没有给我们沉重、笨拙的感觉。反而觉得她们是很飘逸的。

中国文化里认为，我的精神境界可以飞升，我的肉体就可以飞升了。所以，我没必要长出翅膀。这就是东方文化和西方文化的差别。再比如说我们画山水，大山、大水都在我胸中时，几笔笔墨喷薄而出，大山水画就跃然纸上了。

齐白石有一个故事。他刚开始画虾的时候，把虾的每一条腿都画上，他就感觉这个虾从哪个角度看都不舒服。最后他去掉了几条腿，再一看，哎哟，活灵活现！如果按照写实的角度来看，这是不正确的呀。但是从艺术和精神的角度，这样的方式很棒，又传神又形象。

说实话，自从这些所谓的科学技法传到中国之后，大家就自然地以这种技法去判定绘画的好坏，甚至就把它作为考核技巧、方法和能力的一个标准。于是所有的艺术考生就开始拼命地训练素描，训练它的技巧和方法，最终丢失了自由绘画的能力。

也有人从素描里面超脱出来了，他明白可以通过素描解决自己画法上的哪些问题，也了解这个结构到底是怎么回事。等到从素描技法里走出来，再画自己想画的东西，他就成为大师了，但是有多少人能走出来？

所以，艺术最本真的东西，我认为就是表达自己。当你遇到问题的时候，会分析，会解决问题，等解决完，再回到要表达的东西上，而不是让解决问题的工具（素描技法）成为绘画者最终追求的东西。

常爸：那绘画技法应该怎么学习呢？

苏清华：这个问题很多家长会问，“您什么时候教孩子技巧和方法呀？”听完我很吃惊。我说，“我一直在给孩子教授技术和方法呀。你看这孩子画的多好呀，他没有技巧怎么能画出来呢？”所以，什么是技巧和方法？其实就是解决问题的方法。

当一个农民在种地的时候，不停地给某一种植物浇水，结果植物死了。等到下次，他吸取经验，就会少浇水，居然发现植物活得很好。他就会明白，原来这种植物是喜旱的。那多长时间给这种植物浇一次水，就是这个农民的技巧和方法。

孩子在学画时，也是同样的道理。他也在反复地实验如何才能画得更好。如果画得不合适，就把它擦掉，再画。在整个绘画的过程中，自然就提高了他的技巧和方法。所以，技巧和方法不是惯性地拿尺子量，拿线比。我认为这种方式很容易让孩子失去灵性和自由性。我不想让我的孩子们现在就开始拿尺子去画画。画歪了没关系，多画几次就直了。

常爸：可走专业路线的话，素描总是要学的啊，专业要考啊！

苏清华：我们也设计了素描课，把它叫作创意素描课。

常爸：那这种课是怎么上的呢？

苏清华：比如上课时，我们会给一个东西让学生画，在画的时候要加入自己的创想，不是只把这个东西画出来就行了。

我们知道，素描要讲究三大面、五大调子，高光、反光、明暗交界线等等，它就像机械工程制图一样。但我们所有的写生课并不是让学生把某个东西画出来就 OK 了，而是要有自己的想法和想象。其实每个孩子的想法都不一样。我的用意就是，在练习技法的时候，不能把自己的想法丢了。

常爸：之前您说，建议家长陪同 3~10 岁的孩子去画画。可是陪孩子画画会有这样的问题，就是小孩经常会让大人帮他画一个什么东西，因为他觉得大人画得比他好，他就不画了，有时候还哭。

苏清华：是有这样的情况，跟你分享个故事。我有个学生，他爸爸的朋友是个动漫师，来找我，说："苏老师，我儿子在 3~4 岁的时候画得特别棒。可是现在快五岁了，怎么就不爱画画了？我现在特别苦恼。而且每次一画画他就说，爸爸你画。自己就是不愿意动笔，动笔也是随便乱涂一通。"我就问这个爸爸："你在家里是不是天天给孩子画画？"他说："儿子小的时候，我老出差。一回来，就想陪陪他。那时儿子最喜欢的事情就是画画，我就陪着他画。他让我画一个金箍棒，我不但给他画金箍棒，还画了孙悟空。"我说："这就是问题的所在，你画的东西肯定特别像，特别好。所以孩子觉得，我再画也画不过爸爸，你帮他画着画着，他就不画了。"

现在很多家长也是，孩子说："妈妈你帮我画个什么。"然后你帮他唰唰一画，孩子一看，是比我画得好。慢慢地，他就失去了画画的兴趣，更不愿意画了。

所以说，陪孩子画画是有技巧和方法的。像孩子在 3~4 岁的时候，一般不需要大人给他做任何示范，就让他天马行空地画，你只要陪着他，给他适当的称赞和鼓励就可以了。再大一些，他就有自己的想法了，有时候会说，"妈妈、爸爸你帮我画一个什么。"那么我们就可以说："哎呀，我也不会画，你画你的，我画我的，我们两个画出来比较一下。"但是，要刻意不把它画得太像，孩子看了也许还会笑话我们画得不像。这样，他就不会再要求家长给画了，而是去享受他自己的绘画。

常爸：现在家长想让孩子多接受一些艺术的熏陶，比如说看看画展，去博物馆。您能介绍一些方法吗？要在现场临摹吗？

苏清华：亲子看展特别好，如果要给家长一些建议，我觉得要站在孩子的高度，把自己当作孩子。"我俩一起看看，这是什么呀？""怎么回事？""哎哟，这画的是什么？"用这样的话语方式，引导孩子主动分析这幅画。而不是主导他，或者很有知识性地给孩子去讲解，其实孩子是没兴趣听的。

至于临摹，我不太建议。我觉得，可以让孩子把看博物馆、看画展的过程和经历画下来。例如他在展览上、艺术作品上观察到了什么，他觉得什么很有意思，用笔画下来，就是一个看展经历，也是一件挺有意思的事儿。

常爸：您给家长和孩子们推荐几本书吧。

苏清华：首先要推荐的是我自己写的《艺术人生的开端》，最近要再版了。另外，我在研究儿童美育的时候，也读过一些英文版的书，有的特别好，其中有一本好像叫《儿童读画》，不知道现在有没有中文版。还有彭懿老师翻译的《图画书应该这样读》《世界图画书阅读与经典》，这是推荐给家长的。

给孩子们读的绘本就太多了，优质的绘本看得越多越好，我就不一一推荐了。谢谢！

常爸：感谢苏老师的分享！最后，常爸也给大家分享一套与苏老师联合推出的家庭美育课，感兴趣的家长或小朋友可以扫下方二维码。希望能带给您更多的帮助与启迪！

何　梁

14 岁，师从苏清华老师学习绘画 8 年。

2012~2015 年，作品《红帽子》《穿越旅行》《长鼻子先生的月球旅行》等，连续 4 年入选中国儿童绘本展；2016 年，创作绘本作品《小猪的梦想》及立体作品《青铜武士》。

绘画给了孩子珍贵的自信

“何梁是个很好动的孩子，只有画画才能让他安静下来。”何梁的妈妈这样评价自己的孩子。

上幼儿园之前，何梁就喜欢在家里拿着水彩笔在白纸上各种涂鸦，虽然看不明白他画的是什么，但妈妈觉得这个孩子好像只有拿起画笔才能坐得住。所以上幼儿园之后，妈妈就给孩子报了幼儿园里组织的绘画兴趣班。

在幼儿园绘画兴趣班学习了一段时间后，中央美院毕业的绘画老师找到何梁妈妈说：“何梁在绘画方面很有天赋，请家长多关注，可以培养一下孩子这方面的爱好。”后来一个偶然的机会，何梁妈妈参加了美育专家苏清华老师的讲座，苏清华老师的艺术教育理念打动了妈妈，从那以后妈妈就决定让孩子跟着苏清华老师学习绘画，那时何梁才 6 岁。

从 6 岁到 14 岁，这 8 年的时间，何梁每周都要去苏老师那里上课。“这 8 年能坚持下来也是挺不容易的”何梁妈妈说。何梁家距离苏老师的教学点比较远，交通也不是很方便，何梁和妈妈每周六要乘公交，转地铁，单程都要花费一个半小时以上，但是何梁从来没有说过不去上课，做妈妈的当然要陪孩子坚持下去。

虽然从来没有说过要放弃画画，但是何梁的确经历过一段不适应期。7 岁时，有一个小女孩和何梁一起上苏老师的课，那个小女孩比何梁大 2 岁，而且跟着苏老师学画的时间更长一些，所以画得特别好。何梁发现人家画得好，自己画得不好，很受打击。所以那段时间就不太愿意去上课了。发现孩子的情绪变化，妈妈与孩子敞开心扉地谈了一次，她认为孩子不是不爱画画了，只是受到了一点小挫折，需要家长和老师的帮助。于是妈妈及时找苏老师沟通，苏老师了解到这个情况后，在上课时会有意识地进行引导，小小的何梁竟然很快克服了这个心理上的障碍，又变得积极主动了。说到这里，何梁妈妈动情地说：“苏老师真的很有方法，也很有爱心和耐心，那段时间我都犹豫了，还好老师坚定了我和孩子的信心。”

何梁现在就读于北京一所国际学校，妈妈从没想过把孩子的绘画特长当作一种升学手段。一直以来都是从孩子的兴趣点出发的，所以何梁从来没有参加过绘画考级和比赛，但是参加过很多次画展，有些作品也在刊物上发表过。也许这些绘画方面的经历给何梁带来过一些成就感，但是妈妈说，绘画对何梁最大的影响就是建立了自信心。

何梁一直是个调皮、多动的男孩子，学习时总是坐不住，因此在学校经常被老师批评，有时候爸爸妈妈也会批评他。所以小的时候有些不自信，甚至自卑。但是后来，老师开始把班级的黑板报、手抄报设计等任务交给他，这对何梁来说是一种极大的肯定，他觉得别人做不到的事情，自己很轻松就能做得很好，自信心更强了。

绘画除了让何梁变得自信，还是一项很重要的娱乐活动。何梁妈妈说，无聊的时候别的孩子会去看电视、打游戏，而何梁则会拿起画笔画画，对他来说，画画是最快乐的消遣方式。

14 岁的何梁现在喜欢画超现实类的科幻漫画人物，是个漫威迷，他说自己将来想做动漫设计师。妈妈说全家会支持他的选择，等孩子初三时打算让他出国深造，虽然还没有确定要选择哪所学校，但是确定以后的专业要和绘画相关，让他在绘画上有更长更远的发展。

最后说到培养孩子绘画特长的心得，何梁妈妈总结了一句话，那就是：“要小心呵护孩子的兴趣，同时辅之以正确的引导，这样坚持下去，所谓的成功，就是水到渠成的事。”

冰　泉

画家，教育家；
早年入张大千大风堂，得李一山先生、伏文彦先生山水画亲授；
花鸟画深得江寒汀画派写意精髓，入室梅若先生集羽楼；
著有《花鸟画技法基础入门》《动物画技法基础入门》。

别让国画中的美好，因为功利而与孩子失之交臂

传统书画学习相对于钢琴、舞蹈、跆拳道似乎是个曲高和寡的冷门，每每问到家长为什么不送孩子去学一些传统文化艺术？得到的回答大都是：“不实用，对升学、就业用处不大。”真的是这样吗？滋养了我们千百年的传统文化艺术，在经济为先的当下，被功利化地抛到了一边。或许就是这样的认识误区，让孩子与生命中的美好和机会失之交臂。我特邀著名的国画家、教育家冰泉老师，结合当代教育发展的现状，来谈谈国画和书法学习对于孩子成长教育的现实意义。

常爸：现在学习传统国画的孩子好像很少，学西洋画的偏多。

冰泉：原因很简单，因为合格的国画老师少。本身得到真正传承的老师更少，学生怎么会多？

现在中国少儿美术教育全部是双勾填色法，用一支蜡笔，或者硬笔水彩笔把形状勾出来再涂颜色。这样的画法简单易学，对老师的要求也没那么高，对学生来说也容易掌握。而国画文化与技法博大精深，很多美术老师别说掌握，有些东西他自己未必知道。

每年教育部都会请我去当中小学生美术比赛的评委，我一看，全是双勾填色。十年前，四岁的孩子，现在已经十四岁了，他的水平和以前没有太大差别，不会有本质的提升。

还有很多美术启蒙机构倡导涂鸦，小孩爱怎么画怎么画，没有任何技法。我认为这种教学方法欠佳，想怎么画就怎么画，那孩子自己在家画就行了，还学它干吗？

常爸：教给小孩子技法，不是会限制他的创造力和想象力吗？

冰泉:孩子的创造力和自信心，当然要保护，不能去抹杀。但是，你得告诉他基本的、正确的方法。断章取义，反而是给不懂得教小孩子技法的人们一个绝妙的借口。

绘画，一定要教授给孩子最根本的两方面，一是结构，二是传承。先说结构。我的一个好朋友，拜了师傅学画。他拿出自己作品给我看，说："你看，师傅教我学画齐白石的虾。"我一看就乐了，跟他说："你画的是残疾虾，虾是五节，你只画了四节，还有一节跑哪儿去了？齐白石画虾是从头画到尾，再从尾画到头，有这么一个闭合的流程，气息是连贯的。"他是乱画，一会儿加这笔，一会儿加那笔，气息就不连贯，更何况结构也是错的，结构不对，一切就等于零。就像小孩子学画小人儿，起码要告诉他人体的正确结构是有头、躯干和四肢，如果他连人有两条腿、两只胳膊都不清楚，那真就是乱画了。打着想象力的旗号去掩盖自己的不懂章法，那不是在教孩子，是在害孩子。

再举一个画昆虫的例子，昆虫的结构是：有头部，头部前面有眼睛，眼睛旁边有触角，然后是胸部、背部，背上有绒毛，背部后面长翅膀，翅膀下面是腹部，有六条腿。所有的昆虫没有八条腿的，都是六条腿，把结构告诉孩子之后，就可以让他随便画了，即使画的怪模怪样，也是他的个性释放，可大前提是基本结构是正确的。

一次，我去加拿大，当地孩子的家长说："我们家孩子很喜欢画，但是没有专业的老师，我们也指导不了他。"我说："你一定要把结构告诉他，然后就可以让他随便画了。"

另外一个是传承。我们要给孩子多看历代的名画，看古代大家是怎么画的，用了哪些方法。等孩子掌握了方法后，创作方面就由孩子自由发挥了。比如他看到一棵树，一朵花，就会尝试用这样的方法去表现。但是表现的形状、构图，是不能去限制的，就让他自由地去发挥。

像我们从小练字时，肯定要练习书法帖，我们为什么要练帖？自由发挥不就可以了吗？任由自己写，想怎么写怎么写。行吗？不行的。

有些人说传承会破坏孩子的创造力，那这么多人学习王羲之的书法，有一个人跟王羲之写得一模一样吗？你在模仿的过程中一定会加入自己的感受和想法。只要结构、方法都对了，以后就靠自己发展了。但是没有根基、没有出处是不可能有更好的发展的。

常爸：临摹大师的画作，是一个好的方法吗？

冰泉：刚开始必须要临摹。比如说鸟的丝毛法，不临摹永远学不会，人家为什么画出来的鸟毛茸茸的？你画出来的就是一团团的？这就需要临摹，看看古人是怎么画的。站在大师的肩膀上传承、继承、发展，就是这样一个过程。况且，什么东西都要有出处，包括国画、花鸟画，我本人出自于江寒汀先生，江寒汀先生师出于清早期的华喦，华喦又出自谁？ 他们都师承有门，同时又发展出自己的个性特点。

现在的社会比较浮躁，很多老师没有出处、没有根基，跟他学画的孩子表现出来的只能是不靠谱了，因为历代学画都是有画谱的。

常爸：可能大家对于临摹的概念也是有些误区的。临摹本身没问题，但如果一个老师说，你去模仿，画得越像越好，那就是有问题的，对吗？

冰泉：像这种情况就是复制，不是临摹。复制还不如拍张照片，不是更方便吗？

常爸：是啊，既然拍照能够实现，人为什么还要学画？

冰泉：教孩子画画是你要给孩子另外一个美好的世界。这是一个什么样的世界？是可以远离纷繁俗世的地方。比如，看见一只鸟停在花丛中歌唱，很美。突然“扑啦啦”飞走了，一刹那，美好的景象消失了。但这美好留在了我的心里。那我教孩子时就是要把这美好的一刹那展现在纸上，以后想起时，再去欣赏一番。这个过程，会让我们有更多的机会去享受这些生命中的美好。同时，学会画画也是多一种语言、多一种表达、多一种感受，让我们的生命层次更加丰富。

常爸：那么，多大的孩子适合开始学习国画呢？

冰泉：这是大家都比较关心的一个问题。实际上并没有固定的期限。我的一个学生叫瑢儿，3~4 岁就来学画，没多久就画得像模像样了，她会聆听，能理解。可是有的孩子到了四五岁还不行，静不下来，还没有聆听和理解能力，那就得再等等。这种能力是天生的。所以，是看状态，不是看年龄。

常爸：那就是说可能偏静一点的孩子适合学国画？

冰泉：实际上，所有的孩子都适合学。只是需要足够经验的老师给予孩子有兴趣的启蒙。

常爸：那如何给孩子选择老师呢？

冰泉：大前提是一定要很正规的老师，有出处的老师。因为有出处就正规，就不会乱教。

比如学花鸟画，首先要从画梅花开始。为什么？梅花一个花蕊，五个花瓣，花蕊比较短，不能超过花瓣的一半，这是它的特征。如果把它画长一点，中间点上黄点，花瓣长一点，就变桃花了。如果再加一层，就变山茶花了。花蕊给它排队，再加一层，花瓣卷来卷去，变月季花了。然后再加几层，画上叶子，花瓣上加一些花纹，就变成出水芙蓉了。

好的老师的方法一定是妙的，有体系的。他会把方法传授给孩子，孩子就会画出自己的东西。现在很多国画老师不专业。比如，齐白石很出名，大家都学齐白石，实事上只会画这几笔，其他的什么也不会。包括现在很多专业院校、画院的一些大画家，只会那几笔，其他的都不会，就是走入一个误区了。

常爸：学习国画的同时，是不是还需要学习其他门类的艺术形式？以达到共同的滋养？

冰泉：是的，学习国画的同时，书法、诗词、篆刻，都是囊括在一起的，关键还有音律。这是从几百年的格式里优化出来的，都是精华。

像诗词方面，要读唐诗宋词，因为在读的时候能感受到其中的意境。而且，不论适龄儿童还是大人，多读唐诗宋词也是非常有益的。其次，一幅画画完需要落款，所以书法也要练的，每天最好练十分钟、二十分钟。另外，印章如果有能力的话，也要学习。我教学生自己刻章，他们虽然刻得不够好，但要坚持培养孩子从这几个方面整体的递进式能力。

常爸：小孩子练习书法好像都不太有耐心。

冰泉：目前，我们教育的最大问题就是不按自然规律做事情。打个比方，一个 1 岁多的孩子要先学说话，你不让他说，却要先教他认字，正常吗？学琴也是，上来就先识谱，小孩没有音乐的感受，光会认谱，这是违反自然规律的。画画也一样，我在刚开始教孩子时，会先让他玩墨，我说先画五个点，然后把这五个点一连，一加脚，一只小鸡不是就出来了吗？

所以，我们在教授时要先让小孩有感受，等他的心打开了，再告诉他方法，那很快就入门了。

书法也是，现在所有的书法老师，都让孩子先学楷书，这是完全错误的。因为从书法的历史上来说，是先有草书，后有楷书。所以我现在教孩子写书法，父母亲都说要从楷书开始。我说："你带他去书店，这么多书帖，你让他挑，看他最喜欢哪一种。"有的孩子就喜欢草书，那就从草书开始教；有的孩子喜欢行书，那就直接行书。什么是因材施教？要根据孩子的个性特点来，不能让学生来适应老师，那学习教出来的都是千篇一律。

常爸：在采访您之前，我的脑海里总是浮现这样一个想法，似乎在当下，中国传统文化的东西越来越难传承下去了。

冰泉：大环境确实是这样，每年教育部组织的几次中小学生书法绘画比赛，有二三十万人参加，80% 都是油画棒和水彩笔画，只有 15% 是国画，还有 5% 都是书法、摄影作品。国画所占的比例很少，水平都不高。

常爸：大家的想法也可能比较功利，就是学国画孩子未来的路不会很宽。

冰泉：对考国内艺术院校的孩子来说是这样的，因为美术院校考的就是素描、色彩这两大块，即便是考国画系也要学习素描和色彩。但是，很多孩子，包括考上中央美院的，尽管成绩很好，可他只会画一个头像。你想想，从小学几年级一直画到高中就这么一个头像，能画不好吗？而艺术创作变成了流水线上的重复工作，还能叫艺术吗？还能有高的水准吗？

你谈到孩子未来发展的问题，国外正好相反。我的一个学生，叫丁霓。她从小跟我学习国画，对色彩特别感兴趣。但是国画以水墨为主，色彩少。我跟她说，你可以从现在开始，去新疆、西藏写生，那儿的色彩很多。她就用国画的方法去写生，加入了很多颜料。每次回来后我都会给她指导。后来她每年都去写生，到西藏，新西兰、加拿大等不同地方。她的国画方法非常扎实，特点就是用国画来画油画的感觉。她画出来的国画放在远处一看是一张油画，但是结构构图既有国画的成分，也有油画的成分。

后来，英国伦敦艺术学院中国来招生，几千个人里面只招了一个，就是她。为什么呢？那个考官说，像这样的孩子很少，她使用东方素材，东方的纸，东方的笔，东方的墨，画出了西方的感觉，结合得特别好，我们需要这样的人。我们不需要纯油画或者纯水彩，英国多得是。后来丁霓就到伦敦艺术学院学习，还参与了上一届伦敦奥运会的场馆设计。

类似的例子还有很多，如果孩子想往国外发展，其实学国画会有很大的帮助，外国教育家的观点是：你是东方人，那么你就要有你本土的艺术根基。

常爸：您有没有观察过，学习国画的孩子，跟学习西洋画的孩子，有什么不同？

冰泉：性格、观察能力都不同。画西洋画的孩子，是焦点透视，一般是坐在那里画，用眼睛画，看见的是什么，画出来的就是什么。画国画的孩子，是散点透视，观察事物会很仔细、全面，边走边看，不一定要当场画，感受最重要，记个符号，回家慢慢画，用心画。写意，不是写实。讲究的是意境和韵味，更自由。

像傅抱石就是，有一次他去四川写生，画到一半，下雨了，纸全洇了。再一看，效果反而很棒。他下次画完还用水泼。画国画的人，比较自由，他可以达到自己心中的一种要求。

画国画的孩子大都比较安静，内心自由丰盈的人，外貌上反而朴素淡雅。

常爸：我其实比较好奇，在您那个年代是怎么学画的呢？

冰泉：这个说起来比较有趣。我们学校里有一个右派，叫李一山，他平反以后，就做了我们学校的美术老师。后来我才知道，他在民国时期已经是个大画家了，是刘海粟的大弟子，他的雪景山水当时已经非常有名了。我小时候很淘气，他说淘气不是本事，你能画一匹马吗？我就赌气画了一匹马，他可能觉得我还可以，就让我每周六下午去他的办公室教我画画，就这样，跟着他学了7年。

后来我又有幸拜入江寒汀的关门弟子梅若先生门下。每个星期都去他的画室，从宋画开始教我，元明清这些笔法都是他教我的。篆刻是马明建老师教我的。这些老师都给予我极大的“养分”。

常爸：您为什么要教孩子画画？

冰泉：我的老师讲过一句话，说“留点痕迹在人间”，我觉得这个很重要。

比如弹钢琴，如果没有记录下来，过去就过去了，就没了。如果录音能保留下来就很好。画画同理，作品是永远存在的，而且能记录成长过程。尤其小孩子，他刚开始用笔是怎么样的，调颜色是怎么样的，到最后逐渐成熟，形成了自己的风格。

我的学生都有非常专业的画册，这是一种记录，记录他们的成长过程。而且教孩子比较有意思，我觉得像播种一样，一颗种子种下去，一定能看到它从小苗长成大树的。

常爸：谢谢冰泉老师的分享！

之 之

12 岁，师从冰泉老师，学习国画。

2015 年，荣获第十二届全国青少年儿童文化艺术展雕塑类一等奖；

2015 年，荣获全国第十三届少儿美术杯年度艺术展优秀奖。

艺术学习，宁缺毋滥

尽管之之正式学习画国画才一年，但是看到她的作品时，感觉她已经画了很久的国画了。“虽然之前她没有正式拜师学画，但我一直对她进行艺术启蒙的熏陶。”之之妈妈说。

妈妈对之之的艺术启蒙开始得很早。之之很小的时候，已经开始看一些画册和艺术史的启蒙读物了。平时，之之在家里会按照自己的想法做一些手工或画画。妈妈在网上看到好的短期艺术史启蒙课程，也会让之之去体验。碰上有心仪的老师做讲座，妈妈也一定会带之之前往。可以说，艺术启蒙其实一直伴随着之之的成长。在这个过程中，之之接触到各种艺术表现手法、看过大量的艺术大师作品，这些都慢慢地融入之之对艺术的理解和表达中。

9 岁时，之之曾上过一个专业的素描绘画课程。那其实是妈妈报错了的一个课程——专门为准备艺考的孩子开设的素描课。所以，每天的学习就是枯燥地坐在画板前练习、练习、再练习。有时候，要画整整一天。本来，妈妈想着如果之之坚持不了就算了，谁让自己报错了班呢！没想到，一个月的课程，虽然之之也有很累的时候，但是她一直都没有想过要放弃。对于那时候的之之来说，这是很不容易的。

之之妈妈一直遗憾的是，始终没有给之之找到合适的老师。“可能因为我是做出版的，所以眼光比较挑剔。我宁可她不学，也不想让她跟着不合适的老师学歪了。所以一直在寻找老师，一找就找了很多年。”后来，通过朋友的辗转介绍，之之妈妈找到了冰泉老师。“感觉这么多年的寻找和等待都是值得的。”说起之之现在的老师，妈妈很兴奋。

“为什么最终选择了国画呢？”我问之之妈妈。“因为我们是中国人，艺术是需要有文化根基的。画得再像有什么用呢？最重要的是能表现出自己的文化和思想。尤其以后要走出国门，更要有属于中国文化的东西。当然我对之之的期望也很高。”之之妈妈坦言。

现在，每周之之妈妈都要开 2 个多小时的车送之之和弟弟（弟弟也成了冰泉老师的学生）去上课，有时返程碰上堵车都在 3 个小时以上。即使这样，他们没有落下过一节课。

在学习国画的同时，之之也在学习钢琴，艺术的相通性让她对绘画的理解也更加深入、有层次。2017 年底，之之和弟弟已经在之之所在的学校举办了一场名为“万物静墨如谜”的画展，其中展出了自己很多国画作品。现在，之之妈妈也开始为女儿出国深造做准备。未来，一个更大的世界等着之之去描绘。

郭凤杰

国家一级演员、编导，高级教师，曾留学美国两年学习“艾文艾利”及“玛莎格瑞姆”现代舞体系；
多次获得全国拉丁舞大赛冠军；
曾任职于北京大学舞蹈团、中央电视台银河艺术团；
即将出版《青少年儿童舞蹈训练及作品大全》。

除了美，舞蹈还能教会孩子什么？

舞蹈之于每一个孩子，就像是人生的必修课，获取滋养之后，气质与美感都会因此而自然弥散。尤其家中有女孩儿的父母，都想让孩子练练舞蹈，不仅能塑造形体还能培养气质。然而家长还是会有很多疑惑或误区，例如，3 岁开始学舞蹈真的好吗？要是方法不得当，或许还会对孩子的身心造成伤害。也有不少家有男孩儿的家长，在学习舞蹈方面也希望获得更专业的建议和指导。

常爸：一般来说，小孩子几岁开始学习舞蹈合适？有的机构推荐 3 岁就可以学习了，科学吗？

郭凤杰：认真负责地说，3 岁学习舞蹈是不合适的。现在的好多机构都说 3 岁以上的孩子就可以学习舞蹈，其实更多是出于商业目的。3 岁的孩子需要愉快的生活、玩乐，无忧无虑的成长，这才是他们这个年龄段要做的，我们的教育应该尊重自然规律。就人体结构和骨骼发展来说，5~6 岁主要是进行兴趣培养，练习柔韧度，循序渐进地学习。到了 11 岁之后，就可以进行更为专业的舞蹈训练。

像我身边，即使有 3~4 岁的孩子学习舞蹈，也只是一些简单的律动练习，并不会教他们过早的做一些高难度动作，例如劈叉、下腰、翻滚。简单一点儿说，幼儿园主要是培养孩子的表现力、节奏感和情趣。一些较难的动作或使人体组织负荷较重的活动（例如芭蕾舞的脚尖）应该等到 11~13 岁再去尝试。

常爸：孩子应该学什么类型的舞蹈？芭蕾？古典舞？拉丁舞？跳拉丁要穿带跟的鞋，会不会对孩子的发育有影响？

郭凤杰：如果只是想培养孩子的兴趣爱好，陶冶情操，这三种舞都可以学。最初接触舞蹈的时候，老师也会根据孩子不同阶段的特点加入相应的学习内容，比如芭蕾的科学性、现代舞的韵律、民族舞的丰富多变、拉丁舞的趣味等等。

我每次给学生上课时，会把一节课的最后15分钟留给孩子们，让他们穿上拉丁鞋练习一下。穿上小拉丁鞋是很有情趣的，另外也是想让他们感受一下穿着有跟的舞鞋的感觉，这是一种什么样的感觉呢？正常我们在自然站立的时候，人体重心是稍靠后的，往后坐，而且屁股也往下坐。有了一点点鞋跟人就会往前倾，而且前脚掌的力要多于后脚跟。这对于挺拔形体、臀部上提都有帮助，这是我从艺术体操训练里面获得的灵感。

艺术体操训练的时候，孩子们都会用前脚掌触地，后脚跟抬起，它的动作非常舒展、优美、挺拔向上。穿15分钟拉丁鞋训练不是因为我获得过拉丁舞冠军，所以让孩子们也学拉丁舞，而是想让孩子们多方面的感受不同的节奏，不同的步伐，同时美化形体，增加学习的趣味性，为以后的深化学习做铺垫。此外，街舞我是不推荐小孩学的，它不太适合小孩的形体发育和气质培养。

常爸：练习基本功的时候会比较枯燥，还会很疼，该怎么引导孩子坚持？有什么具体有效的方法吗？

郭凤杰：我们通常会在教学的过程中设计一些小环节，尽量提高孩子们的学习兴趣。例如一节课中，先让他们进行半个小时的基础训练，再用半个小时教他们一些舞蹈动作。剩余的时间会把学过的动作串联起来，编成一个有趣的舞蹈小品，让孩子们一起跳。这样，尽管他们在前半个小时的基础训练很辛苦，但是后面的时间兴致一直会很高。

其实，任何一种学习都会经历枯燥的阶段，舞蹈也不例外。除了心理上的枯燥，还要经历生理上的痛苦。我小的时候也有过这种“噩梦”般的经历，也哭过、闹过甚至逃跑过。但是，这些枯燥、痛苦还是敌不过我对舞蹈的热爱。如果你真心热爱这门艺术，即使过程很“残酷”，也依然会忍受它各种各样的“折磨”。当然这个“折磨”是加引号的，等你有了一定的收获之后，这种“折磨”就是一种人生的历练，经过这种历练的人一定会非常强大。

常爸：有的家长认为孩子学习芭蕾会练出八字脚？事实上是这样的吗？

郭凤杰：其实大多数孩子的腿骨发育都有一点点内扣，严重一点的小孩儿走路都会被自己绊倒。对于正在上兴趣班而不是搞舞蹈专业的孩子来说，老师也会考虑到骨骼的生长发育，不会要求一步到位训练成“一字脚”。但在练习的过程中，会从小八字站立开始，然后逐步过渡。主要以练习形体为主，不会过分强调外开。而且兴趣班练习的时间也短，不会像专业演员一样天天训练，所以，是不会变外八字的，反而会纠正孩子原来稍微有的内八字。

很多家长因为担心，所以让孩子学中国舞而不学芭蕾。其实，中国舞的腿部训练绝大部分都是借鉴芭蕾的，主要因为芭蕾的训练方式非常科学、严谨。

常爸：有些家长会问，什么样的孩子适合学舞蹈呢？男孩儿学舞蹈会不会变得女性化？

郭凤杰：我就是一个从小学舞蹈的男性，你觉得我女性化吗？呵呵。

大众看到的舞蹈确实有些肢体动作偏温柔，以抒情为主。所以会有这样狭义的认知。其实舞蹈的可塑性很强，比如古典舞、民族舞里面就有很多充满阳刚和力量感的东西，都需要男舞蹈演员来完成。还有芭蕾，更是这样。话说回来，柔韧的、抒情的、美妙的，就都属于女性吗？难道女孩儿就不需要力量吗？这并不是绝对的。舞蹈这个专业，能给人们带来想象不到的魅力和力量。

我的建议是，不论以后是否要从事舞蹈专业，男孩儿更要学习舞蹈。因为在整个舞蹈的学习过程中，就是一个磨炼意志、想办法解决问题的过程。我们不是为了搞专业而学习，而是要通过舞蹈来提升孩子整体的素质和气质。而且，学舞蹈的男孩儿大都很有自信，这也是舞蹈给予他们懂得欣赏自己，对美的认知的一个积极影响。

常爸：曾经有过这样的新闻，说有的孩子因为学习舞蹈，给身体造成了一些伤害。所以有些家长就会有类似的担心，那作为家长应该如何避免类似的情况发生？或者说，如何选择能给孩子较好保护的舞蹈教师？

郭凤杰：首先，一定要选择正规的舞蹈培训机构和有教授舞蹈资质的专业舞蹈教师，不要一时兴起或者图便宜去非正规机构上课。

其次，要根据孩子的自身条件循序渐进地学，不要拔苗助长，有的家长想要孩子立刻就登台表演。要知道如果想达到登台表演的程度，是要经过几年甚至十几年的刻苦训练。

再次，要做好防护措施，提前将保护孩子手肘、膝盖等的护具准备到位。这是针对有难度的动作，平时练习的时候，有地垫保护就可以了。

最后，要相信专业教师，如果教师是专业舞蹈出身，会很好地拿捏训练的尺度，只要孩子按照老师的要求去做，就不可能受伤。如果不听老师的话，非按自己的来，反而容易造成伤害。

常爸：学习舞蹈对孩子的身体发育会有哪些好的、不好的影响？比如有的说长个儿，有的还说练不好会影响长个儿？

郭凤杰：学习舞蹈会让形体变得优美，确实也能长个儿。正处在快速生长发育期的孩子，经过舞蹈训练（比如挺胸、抬头、收腹）能够站得很直，还能纠正驼背、端肩这些问题。而且有统计调查，同样性别、年龄的儿童，参加舞蹈训练的要比不参加的身高平均高 4~8 厘米。

常爸：学习舞蹈对孩子的性格会有哪些影响?

郭凤杰：除了可以培养毅力，更能培养想象力。因为舞蹈是通过形体、动作、眼神来表现的，尤其是他们自编自演的作品，在跳舞的过程中能把想象力激发出来。

现在的孩子，独生子女多，学习舞蹈对于孩子们锻炼毅力和提高合作能力以及增强集体荣誉感都非常有帮助。因为舞蹈不只有独舞，更多的是集体舞、双人舞，这都需要跟其他人协作配合。

好多家长为了让自己的孩子能突出表现，就希望有独舞的训练或表演机会。其实对于孩子来说，能够与他人良好的沟通、合作要比凸显个人才能更重要。

常爸：对于舞蹈考级您怎么看?

郭凤杰：舞蹈考级是一个时代的产物，它发展于八十年代社会上培训空白的时候。我的老师们，教芭蕾舞的曲浩老师，民族舞的孙光言老师，他们利用自己的业余时间，把教学多年的经验提炼出来一些，编辑成《考级组合》，并通过了文化部的审批，然后走向了市场。

现在来看，它的专业化比较强，学的东西比较丰富，这是好的一面。但是，舞蹈学习要根据孩子在不同年龄阶段的发育发展特点，科学化地学习，要以发展的眼光来看考级教材。如果孩子一味地跟着考级内容来学习舞蹈，可能不是很合适。当然，是否参加考级，要看家长对自己孩子的了解以及意愿而定。

常爸：有什么方法和途径能够让孩子多参加演出和比赛?

郭凤杰：其实，我觉得不要急于让孩子登上舞台和参加比赛。一般家长想通过半年或者一年的学习就让孩子在舞台上崭露头角，以得到内心的满足感和自豪感。实际上，这种决定对于孩子来说太难了，如果还没有将基本功练扎实，单凭舞蹈的表现力和技术技巧是不能很好地完成一支舞蹈的，除了会对孩子的身体造成伤害，更会挫败孩子的自信心。

当孩子练习达到一定的程度，经过专业教师的首肯后，可以适当参加一些群体性的演出或竞赛，但也要时刻关注孩子的情绪，以免因为演出和比赛而受到不必要的打击与伤害。

常爸：谢谢郭老师的分享和建议!

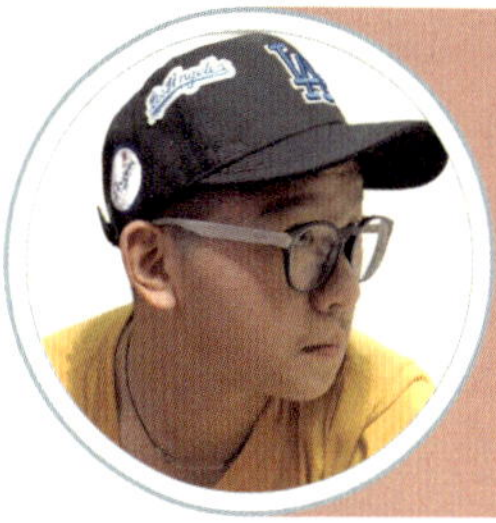

洋 洋

2011 年 6 月，参加录制中央电视台六一儿童节晚会；
2011 年 7 月，参加第四届校园时代全国青少年才艺电视展演活动，独舞《天堂》获金奖；
2012 年，中央电视台少儿春晚儿歌联唱《小邋遢》伴舞，同年在民间网络春晚表演独舞《走进西藏》。

“心狠”是牛娃妈妈的标配

连续两年参加中央电视台六一儿童节晚会录制，在中央电视台少儿春晚节目伴舞，荣获第四届校园时代全国青少年才艺电视展演活动独舞金奖……是的，洋洋就是我们经常在电视上能看到的小舞蹈演员。

说起洋洋学习舞蹈的初衷，妈妈说，这和洋洋小姨的经历有关系。洋洋的小姨从小学习舞蹈，是中央电视台银河艺术团的一名团员，学业同样优秀的小姨考入北京大学后，由于舞蹈特长进入了当时北大的热门专业，后来读硕士申请英国的大学时，也因为舞蹈这项特长，很多大学向她伸出橄榄枝。毕业之后的小姨虽然没有从事与舞蹈相关的职业，但是小姨常常向洋洋妈妈说起舞蹈对自己人生的重大影响，洋洋妈妈受到鼓舞，决定让洋洋学习舞蹈。

五岁生日后，洋洋在小姨介绍的幼儿舞蹈培训班里学习了三个月之后，看到中央电视台银河艺术团正在招生，就去参加面试。银河艺术团的招生要求年龄在 6 岁以上，当时洋洋才 5 岁 3 个月，而且同去面试的孩子很多都有舞蹈考级证书。而洋洋貌似是其中唯一一个只有一点基本功，连一支舞都不能完整跳下来的生瓜蛋子。妈妈说，他们当时是抱着试一试的心态去的，没想到，洋洋跳了一段幼儿园学的舞蹈后，就被老师选中了，虽然年龄没有达到要求，但也被破格录取了。用老师的话说，洋洋很有灵性，柔韧性很好，这才是学习舞蹈最重要的潜质。

“进入银河艺术团的孩子有没有感到练舞很辛苦，压力很大？”我问洋洋妈妈。洋洋妈妈说，“从来没有。”洋洋从小精力充沛，练习舞蹈对他来说就是换一种方式、换一个地方玩，而且由于本身的柔韧性比较好，所以各种舞蹈动作对他来说都不是很难的事情，训练并没有给孩子造成很大的压力。

洋洋整个小学都在银河艺术团练习舞蹈，舞蹈团里时不时会有各种集训、演出和拍摄任务，这和洋洋的学校课程偶尔会有冲突。但是妈妈认为，只要孩子在上课的时候认真学，落下的也可以补上来，而男生学舞蹈比较少，这对洋洋来说是个很大的优势，所以没有对洋洋文化课有特别高的要求，而且孩子的成绩也没有很差，一直保持在中等偏上的水平。后来洋洋在小升初的时候因为是舞蹈特长生，顺利升入了北京市第二中学。

虽然顺利升学，但是这期间洋洋经历了一段很艰苦的过程。在银河艺术团的学习，得到了很好的舞蹈训练和舞台经历，但想要从众多优秀的小舞者当中脱颖而出,并不是一件简单的事情。为了能在升学时有更好的表现,妈妈和洋洋商量后,给他在课外增加了训练。这个阶段，恰逢艺术团的表演特别多，还要额外进行集中培训，老师对孩子基本功以及舞蹈技能有了更高的要求，洋洋那段时间掉的眼泪和付出的辛苦是练舞以来最多的。

洋洋的老师说 :“没有什么可哭的，如果能受得了学舞蹈的苦，以后再遇到什么样的困难都能够克服。”妈妈和洋洋都很认同老师的这句话，所以即使非常辛苦,洋洋也没有落下过训练的进度。妈妈回忆,后来自己在健身房被教练压腿开筋,亲自体验那种令人痛不欲生的疼，才深深感受到孩子当时训练的不容易。

妈妈和洋洋一向坚持“轻伤不下火线”的原则，洋洋练舞脚后跟常常磨出大水泡，水泡破了还会流血，但是妈妈从来都是给洋洋包上纱布接着跳。洋洋也从来没有因为想玩，要出去旅游，受了点小伤之类的理由落下过训练。

“有点小事就不想练了，那是家长在找理由让孩子放弃。学会坚持是舞蹈给洋洋和我带来的最宝贵的财富。”洋洋妈妈这样说。

现在洋洋上高二，妈妈说孩子会通过高考的方式升学，但是会更多地考虑对艺术生发展比较好的高校，希望洋洋的舞蹈人生越来越顺利！

孩子有必要进行基础体能训练吗？运动仅仅是单纯的项目训练吗？足球、篮球、乒乓球、游泳、滑雪等等各种项目，该如何选择？“体育启蒙”给孩子们提供了系统有趣、切实可行的范例和操作经验，目的在于引导孩子获得身体、感官、生活和世界的多重体验，最终成为一个拥有健全人格、自信品格、快乐向上的自己。

PART

02

体育启蒙

SPORTS ENLIGHTENMENT

赵双伟
毕业于哈尔滨师范大学体育教育专业；
中国儿童运动联盟特约培训师；
在超过 40 家幼儿园任体能课程指导教练员；
某儿童运动馆课程总监、联合创始人。

基础体能，给孩子无限可能

有一天，我带着儿子在小区游乐区玩滑梯。一个五岁多的小女孩儿在旁边玩儿攀爬架，架子大概一米多高，两米多长。小女孩儿不胖不瘦很结实，灵活而有力量，从一端荡行到另一端，打个来回都不费力，周围的家长和孩子们都看呆了。有家长问她妈妈:“这孩子是在学体操，还是跆拳道之类的吗？”小女孩的妈妈说：“没有，就是每星期去练基础体能。”“基础体能是学什么的？有啥用？”“就是跑跑跳跳锻炼身体。”哦，听到这个解释，大家好像都没什么兴趣了。我追问了一句：“练了基础体能之后，孩子有什么变化吗？”“身体灵活结实了，饭量和睡眠都比以前好，也没那么娇气了。”妈妈回答。

其实身体素质、饮食、睡眠、性格，这些都是孩子成长的关键因素，那么基础体能和它们有什么关系呢？

常爸：基础体能是什么？孩子为什么要练习基础体能？

赵双伟：基础体能简单来说，就是奔跑、跳跃、协调能力、平衡能力、身体的反应能力、动作速度，还有空间感知力。对孩子而言，就是摸爬滚打。孩子在摸爬滚打的过程中，浑身的小肌肉群都会得到锻炼，同时对脑部的发育也是有帮助的。现在的孩子在家里，尤其是老人带的孩子，很少有和其他小朋友交流、玩耍的社交环境和肢体运动机会。当几个小朋友一起玩的时候，运动量是完全不一样的，他们会奔跑、追逐、躲闪。这跟动物世界里的小老虎、小狮子一样，玩耍的过程其实就是自我生存本领的建立，这是一个特别基础的基础。

很多父母会说，孩子晚上没四十分钟、一小时根本睡不着觉。这其实就是一个信号，孩子们的精力太旺盛了，没有得到释放。

常爸：小孩子要锻炼身体，毋庸置疑。很多家长会给孩子选一个专项，比如击剑、跆拳道，或者足球、篮球，家长觉得孩子学这些专项运动就行了。何必还要让他单独再练习什么基础体能呢？从经济和时间成本来说，好像都不太划算。

赵双伟：很多父母都会有这样的想法，但是体能是所有竞技体育项目的一个基础。体能好了，你可以玩任意一种体育项目。它和你去挑选某一种竞技项目不是一个概念。

给您举个具体的例子吧，我们这儿有个 7 岁的男孩儿，他从 4 岁开始，每周都来参加体能训练。在他们学校里面，运动会跑步拿了全年级第一名，但他并没有刻意训练过跑步；轮滑，他自学了一两次就会了，大脑神经感知很敏感，他可以快速控制身体的平衡；海淀区的射箭队选拔苗子他也入选了。这个例子说明，当孩子打下一个良好的基础素质，将来再专项学其他东西，选择余地会非常大。

常爸：刚才咱们谈到基础体能训练会让孩子的协调性、平衡能力、身体反应速度更好一些。但是对于大部分家长来说，还是会有疑问，就算我的孩子身体不协调，或者跑得没那么快，那有什么关系？我孩子又不搞职业体育，学这个有什么用？

赵双伟：是的，很多家长都有这样的想法，说我的孩子以后又不准备当职业运动员，只要身体健康、学习好，不就可以了吗？但是，有一点特别重要，孩子读书学习是需要神经耐力的，如果孩子注意力集中的时间很短，一会儿想去玩，或者一会儿就疲倦了，他不可能学得很好。而基础体能在训练的过程当中，对于提高孩子的专注力，增强神经耐力是非常有帮助的。

比如孩子以后搞科研，哪怕是读大学的时候做实验、写论文，在实验室熬几个通宵很常见。又或者高考冲刺，有好的身体素质就熬得住，身体底子差的就熬不住，这都是特别现实的例子。

另外，在体能训练的过程中，对于规则的遵守、团队的意识、性格的磨炼，都会得到锻炼和培养。现在孩子的学习压力很大，但是承受压力的能力其实很弱。在训练中，我们会给孩子设置一个个障碍，让他不断地去感受、挑战这种压力。当他跨过了一坎儿，再过另一个坎儿的时候，他就是在不断提高，他的抗压能力就会加强。

还有一个最简单最通俗的观点。比如孩子在学校里时常发生打闹事件，作为家长，我们不能完全控制，也不可能天天跟着孩子去上学。如果他有一个良好的体格发育，身体、心理素质也很强大，最起码也不会被视作“弱小”而被欺负吧？

常爸：这么说，体能训练确实挺有必要，基础体能什么时候开始训练比较好呢？

赵双伟：3~4 岁的孩子，整体发育没有滞后，没有特殊情况，就可以参与体能训练。

针对这些小龄孩子，我们会通过创造各种情景，让孩子在课程里面完成钻爬、跳跃、奔跑等需要完成的运动强度游戏。此外，根据年龄段不同，我们给孩子训练的方法也都不一样。比如孩子跑得慢，反应慢，其实是他的脚踝没有劲。我们的训练就是让他的脚踝力量能够得到提高。然后就是核心力量，腰腹、腹背肌，包括整个大腿的后群肌肉，就是要对他们有一个整体的开发。这样，孩子核心力量的基础就打好了。一般练 3 个月以后，你就会发现孩子好像突然间灵活了，转身、奔跑等等也比以前要快，这些变化在生活的点点滴滴中表现会更加明显。

常爸：现在基础体能训练在国内应该算是一个比较新兴的项目吧？家长在选择的时候要注意什么呢？

赵双伟：是的，其实在美国、日本这些发达国家，这种综合训练早就不是什么新东西了，是他们在培养孩子过程中的必修课。因为国内父母的心态可能相对功利，对于这种不能立刻看到成果的训练都不感兴趣，因此中国要想达到体能训练必修的程度，我觉得还需要很长一段时间。但从孩子的需要上来讲，这是一个非常有潜力的空间。

好的体能训练课背后，一定要有一位好的教练。教练的爱心和责任心是首位，这是毋庸置疑的。还有一点更为重要，就是教练要能够专业地控制孩子的安全，把安全系数控制在百分之百，因此科学的训练方法特别重要。这个教练不管是体育师范类大学毕业，还是退役的职业运动员，都要经过系统的儿童教育培训，才可以正式上岗。有专业，未必就能教孩子，需要用孩子的语言，跟孩子建立沟通的关系，懂得孩子在成长发育时期的规律，才能教授孩子。

常爸：有的家长会问，我的城市没有专门针对孩子的基础体能训练，怎么办？

赵双伟：其实父母多带孩子进行一些户外活动，也能达到对孩子基础体能的锻炼。让孩子多到户外跑一跑，和小朋友玩一些追逐游戏，都能锻炼到孩子的体能。

常爸：谢谢双伟教练！

侯 磊
毕业于首都体育学院体育教育专业。
国家二级运动员；
现任九年一贯制学校体育教师和校足球队教练。

踢足球，真的要从娃娃抓起吗？

▼

周末我经常会带着小小常去公园里玩球、骑车，也经常会看到三三两两年龄大一点的孩子在踢球。他们既不比赛，也不训练，只是几个伙伴凑在一起，玩得热火朝天。有几次，小小常也想凑过去，我赶紧拦住，告诉他："你这么个小不点儿，还不能跟哥哥们一起踢球呢。"也有路过的大人半开玩笑地说："可不能让孩子踢球，回头都变罗圈腿了。"

我听着心里也生出了疑问：是啊，那些大牌球星大多都是 O 型腿，踢球真的会影响孩子的腿型吗？而且踢球是个孩子就会，还需要专业学球吗？如果学要从多大开始呢？

常爸：说起踢球，父母会觉得挺简单的，拿个球踢着玩呗。如果不想当足球运动员，专门去学的必要性是什么？

侯磊：我觉得从两方面来说吧。举个最简单的例子，没有学过踢球的人，大部分都会用脚趾去戳球，而孩子小时候身体发育还没完全，脚的骨骼弹性比较大，硬度比较小，脚趾容易发生变形。但我们在教学上，首先会在技术和动作上规范孩子，会教他们用脚内侧和脚背踢球，而不是用脚趾踢球，这就是专业和业余的最基础的区别。

另一方面，参加球队的孩子可以和兴趣相投的小伙伴在一起，有团队意识，会让孩子的这份兴趣保持得更长久。

常爸：多大的孩子可以开始进行足球训练？因为现在市面上有很多商业机构，可能是出于商业目的吧，会把起始年龄定得低一些。

侯磊：如果以兴趣为目的，5~6 岁是培养孩子运动习惯的一个关键时期。如果从提高角度来说，8~10 岁是儿童可以接受初级足球训练的阶段。

常爸：不同年龄的孩子，训练内容有什么不同呢？

侯磊：一般我们分为三个阶段。第一个阶段，6~7 岁之前的孩子，主要训练方式是给他一颗球，想怎么踢就怎么踢，这样做是为了激发孩子的天性，让他们在足球运动中感受到快乐，这是这个阶段最重要的一点，不需要任何技术性的训练。

第二个阶段就是 8~9 岁的孩子，这个年龄段的孩子已经有一些稳定的身体形态。这个时候可以通过一些简单的技术来带着训练。这个训练不只是教他一个动作或者一个技术，这对孩子来说过于枯燥。我们会通过简单的游戏设定和情景设定，把这些技术和动作融入进去，目的还是让孩子在玩儿的过程中去练习。

第三个阶段是 10 岁左右。因为在前期我们做了铺垫，孩子有了兴趣的基础，也有了一些身体形态的巩固，这个时候可以适当增加技术、跑位等战术的训练。

常爸：您刚才说通过游戏的方式让他们掌握的技术和动作，能不能具体讲一讲？

侯磊：比如最简单的一个游戏方式，抢圈。就是很多人围成一个圆圈之后，一两个人在圈里面。圈外一圈人负责传球，传球过程中不能让圈里的人碰到球。这样一个简单的游戏，既包括了传球、停球技术，也包含了意识训练和呼应队友等练习。

在训练的过程中就可以告诉孩子，怎么样传球可以让别人碰不到球，无形中就把技术、意识灌输给孩子了。

常爸：对于孩子而言，一次训练多长时间比较合适？

侯磊：分年龄段吧。如果是小朋友自己玩，20~40 分钟就差不多了。如果是一般训练，会在 90~120 分钟。两个小时听起来觉得挺长，其实很大一部分时间需要用来做一些准备活动和辅助性训练，比如协调性练习，反应练习，灵敏性练习和足球游戏等。

常爸：训练前的准备活动都包括些什么呢？

侯磊：准备阶段包括热身和准备活动。热身可以通过很多种方式，比如慢跑、足球游戏，主要目的是让孩子出汗。热身出汗后就要做其他各种准备活动了。比如牵拉，就是柔韧性练习，我们可以做静止的，比如说静止的压腿，静止的牵拉；还会有一些行进间的练习，摆放一些标志碟做辅助性练习。这些都是让孩子去充分热身，把各个关节活动开。

常爸：有的人说，孩子踢足球会影响腿形，是这样的吗？因为确实我们看到很多

职业足球运动员就是O型腿。

侯磊：如果是职业足球运动员确实会有影响。这是由于膝关节不对称的力量发展和内外肌肉的不平衡导致的。这就需要足球运动员在前期的训练中，把腿部肌肉练平衡，这样就不会出现O型腿的现象。

但是对于兴趣班的学员或者学校校队的孩子而言，他们训练的时间并不长，也不会进行长期特殊力量的训练，是不会对腿形造成影响的。

常爸：那作为预防，我们可以通过一个什么样腿部肌肉的锻炼，防止O型腿的产生？

侯磊：刚才我也说了，其实对于孩子来说，平时正常踢，不用刻意去练习。但如果有的家长就是担心孩子踢球之后，腿型会有变化。那方法也很简单，就是两脚并拢，双手扶膝做两膝向前的下蹲起立运动；或者坐在椅子上，尽量用小腿夹住书，保持一定的时间，这些都可以预防。

常爸：孩子踢的足球跟成人踢的足球是一样的吗？

侯磊：不一样。足球分1号到5号，在尺寸上有大小区别。1号、2号、3号球，就是那种很小的孩子踢着玩儿的皮球。一般我们都选择硬度比较小的球，软一点，不会对孩子的脚趾造成伤害。小学阶段，我们一般用的是4号球进行训练和比赛。5号球是正规球，就是国际足联规定的正式比赛用球。

常爸：除了球，孩子的其他装备方面有具体要求吗？

侯磊：首先衣服要宽松舒适，确保运动自如。纯棉的比较好，吸汗性好。我觉得衣服不是最重要的，最重要的是鞋。现在大部分场地都是人工草地，孩子穿牛筋底的足球鞋或是碎钉足球鞋比较合适。鞋的尺码不要太大，穿着不顶脚就可以。如果太肥、太松，孩子踢起来不舒服，对球的感觉也不太好，并且可能会崴脚。

常爸：那足球袜、护腿板也是必需的吗？

侯磊：如果是自己踢，我觉得没必要戴护腿板，穿一双自己觉得舒适的普通棉质袜子就可以了。但如果是训练，或者和其他孩子一起踢，护腿板是有必要的，它能保护我们的腿胫，防止划伤或者撞伤。一般戴护腿板，就需要穿足球袜，把护腿板放到袜子里面。

常爸：目前在国内，大多都是男孩儿在踢球。其实在国外，比如美国，小学生都有女子足球队。

侯磊：国内女孩儿踢球的确实特别少。可能是家长对于足球认识的原因吧，他们觉得足球风格比较粗犷，或者比较容易受伤。但是，我觉得不管男孩儿女孩儿，生活对我们都是一样的，不会因为你是女孩儿，生活就会偏爱你，或者说一些困难就会绕着你走。我觉得所有的运动项目对于孩子体格、性格的塑造，还有挫折教育都是好的。所以，不是说女孩儿就一定要踢足球，而是说任何一项体育运动对于磨炼孩子的意志、品质都有好处，男孩儿女孩儿都要多多参与。

常爸：我觉得足球的普适性很强，孩子拿着颗球很快就能跟小伙伴打成一片。

侯磊：对。只要有一颗球，再把衣服往那一摆，就是一个球门。或者把书包也可以当成球门。它不会受到时间和空间的严格限制，孩子们随时都可以去踢，这是一个很好的项目。

常爸：说到场地，踢足球对于场地来说，有什么要求吗?

侯磊：对于孩子们来说，要尽量在草地上踢，人造草地或者天然草地都可以。因为草坪不会对孩子的膝关节造成太大的影响。而且一旦摔跤，水泥地很容易造成擦伤、磕伤，草地安全性相对好。特别要注意，别在路上或者人员密集的地方踢球，要保证自己和他人的安全。

常爸：您在平时接触孩子的过程中，有观察到足球运动对于他们身心成长的影响和改变吗?

侯磊：我的感触还是挺深的。现在很多男孩给我的感觉就是，一点儿男子汉的劲儿都没有，别人碰他一下都不行。还有就是自私，比如这个球是我的，谁都不许玩儿。对自己，对他人的责任感比较差。但是一般通过一段时间的训练后，他们就会慢慢有所改变。首先在性格上坚强了很多，不会那么娇气了。而且慢慢有了互助团队的意识，比如我们在训练的时候，孩子们有拿器材的，有摆器材的，明确你需要干什么，他需要干什么，并且知道了自己要为他人做哪些服务，或者是别人为我做了哪些服务。而且在每一次练习当中，我都会安排一个小负责人。这些小负责人除了对自己有所担当，还能有效地安排其他队员按照他们的要求去做，我觉得这很好。

常爸：有的家长觉得让孩子参加足球训练会耽误学习的时间。

侯磊：其实这是个认识误区。经常进行体育锻炼的孩子，体质会非常好，如果体质不好，三天两头感冒发烧，既影响自己的健康，也会耽误课程的学习。而且，我们都知道运动会产生多巴胺，提升血清素和肾上腺素，这三个是精神传导物质，都跟学习有关系。多巴胺，可以让孩子情绪兴奋，传递开心的信息；血清素的提高会帮助提升记忆力；肾上腺素可以提高孩子反应速度等等。其实我觉得通过足球运动反而会带动学习，对孩子学习是很有帮助的。

常爸：可能还有的家长会觉得足球是个对抗性比较强的运动，怕孩子受伤。

侯磊：确实，踢球磕磕碰碰，容易受伤。但任何运动，任何事情都有它的两面性。如果我们只悲观地盯着不好的一面，那就什么都别做了，不能因噎废食。

现在校园足球搞得非常好，各地教委、足球协会正在做一些文件，专门为校园足球建立保险机制。现在学生足球联赛保险已经有了，以后可能慢慢会渗透到学校，这样家长也会更放心一些。

常爸：说个题外话，之前大家都会觉得，咱们中国人口众多，一个 11 人的足球强队怎么就凑不齐？

侯磊：其实球队的强弱跟基础人口多少关系并不大，如果实际踢球的人不多，注册球员不多，人口再多也是枉然。美国足球运动员注册人数超过 400 万，日本足协注册的球员将近 110 万，韩国是 50 万，而咱们国家注册球员连 1 万都不到。最近这些年倡导发展校园足球，就是要普及足球这项运动。

常爸：谢谢侯老师接受我们的采访！真心希望热爱足球的孩子们能越来越多，中国足球能有质的飞跃。

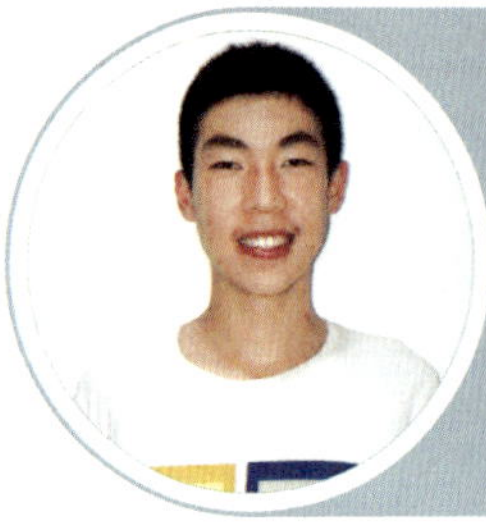

董一然

17 岁，现为高二年级学生，6 岁开始学踢足球。
2014 年，北京市石景山区中小学生足球联赛第三名；
2015 年，北京市石景山区中小学生足球联赛第一名。

从英语差生到国际交换生，一颗足球带来的能量

一然从上小学就开始踢足球，到现在已经踢了 11 年，一然妈妈说："这个兴趣并不是我们家长为他发掘出来的，而是孩子自己的选择。"一然进入小学一年级就在学校的兴趣班中选择了足球、武术和趣味数学，但是最后坚持下来的只有足球一项，可见足球是他真正喜欢和热爱的。

孩子踢足球的这些年有很多难忘的经历，一然妈妈说，让她印象最深刻的是发生在孩子小学一年级的一件小事。那是刚开学不久，学校组织了一场外校小学生的友谊赛。因为这场小小的球赛是他们的足球"首秀"，一然和球队里的小队员们都非常兴奋，他们邀请了很多同班同学去观看，个个摩拳擦掌，都想要好好表现一下。但是由于这不是一场势均力敌的比赛——来参加比赛的队员是比他们大一级的孩子，一然所在的球队输得很惨。最后的比分是 17 比 0！简直难以想象足球赛的比分会这么悬殊。

以巨大的分差输掉了比赛，一然虽然很沮丧，但是他的表现依然很淡定，他对妈妈说："教练说了，我们以后好好练，一定能追上他们的。"后来妈妈从别的家长那里听说，他们这次的比赛在同学之间就像一个笑话一样流传了很久，妈妈才意识到一然和队友们承受了多么大的压力。

这场比赛后，一然和小伙伴们训练特别努力、特别辛苦，但他从来没有说过放弃，倒是一然妈妈，看到孩子参加足球训练总是胳膊碰伤，膝盖磕破，全身青一块紫一块的，有点于心不忍了，就对一然说："要不就不踢足球了吧？换个轻松些的项目。"但是一然还是坚持要练，从来没有因为小伤小病下球场。

这一坚持就是 11 年，虽然最终一然也不会把踢足球当作专业发展，但是成长过程中处处可见足球对他积极、正面的影响。足球让孩子拥有了强大的内心，心理承受能力非常强。一然小时候英语成绩很差，有一次英语考试不及格，英语老

师把他那份错得一塌糊涂的试卷给全班同学传阅，试卷在整个班级游走，时不时从同学中间传来一阵阵嘲笑声，一然回家把这件事情告诉了妈妈，妈妈非常吃惊，一方面对老师的做法非常愤怒，一方面想要安慰孩子，尽量减少这件事情对孩子的影响。但是，一然却对妈妈说："妈妈，这比起当年足球场上的 17 比 0，不算什么大事，我以后好好学英语就是了。"后来，一然的英语成绩果然进步很大，不仅在班级里名列前茅，高一还被学校推选去美国做交换生。要知道，那年全校交换生名额才 6 个，只有品学兼优才能被选上。

校足球队入队的硬性要求是学习成绩必须好，这成为一然好好学习的强大动力。足球场上的相互配合和团队精神，让一然学会了怎样组织和领导，怎样高效地完成一件事情。足球不仅让一然在学习上出类拔萃，还让他获得了公认的好人缘，用妈妈的话说，足球给了一然正能量。

谈到家长对孩子兴趣爱好的支持，一然妈妈说："家长要从心底里支持孩子的兴趣朝积极的方向发展。"她说，很多家长自称支持孩子，却在行为上背道而驰。"有一次看孩子的足球比赛，有两个孩子在场上发生了小小的碰撞，孩子们还没怎么样，看台上双方的家长们却打了起来，纷纷指责对方的孩子犯规。场上球员之间磕磕碰碰在所难免，家长这样的表现实在是让人汗颜。"

一然妈妈特别提醒想要孩子学足球的家长，学习足球的意义在于锻炼孩子的意志力，让孩子从这项运动中收获快乐，去除功利的私心杂念，孩子的发展也会更加顺利。

杨　浩

前英国莱斯特骑士队俱乐部球员，获得多项赛事殊荣；
现任优肯飞扬体育文化有限公司教务部经理。

篮球其实是一项优化性格的运动

说起篮球，身为父母的我们，可能首先想到的就是年少时挚爱的《灌篮高手》。潇洒不羁的樱木花道，讲究战术谋略与智慧的流川枫，铁血劲爆的赤木刚宪……篮球，的确是一个很能彰显青春魅力的运动。曾经痴迷于篮球的我们也很想让自己的孩子身体棒棒，气质酷酷。那么，孩子从什么时候开始学篮球，怎么学合适？它又会给孩子带来什么样的成长益处呢？

常爸：孩子从多大开始学篮球比较合适？

杨浩：这个没有固定的说法。篮球这项运动从小接触当然最好，但如果是在 8~10 岁，甚至是 12 岁接触，也不晚。也有 13 岁之后开始的，相对来说年龄越大，身体的成熟度也越高。

从课程设置上来说，最小的年龄是 4 岁，属于幼儿篮球。首先是培养兴趣，当孩子有了兴趣以后，再开始进行一些基础训练。除了帮助孩子提升心肺功能，提升运动能力，还能增强身体的平衡感、协调性等。而且，孩子可能从 4 岁开始就已经可以很熟练地拍球了。现在很多孩子八九岁了还不会拍球呢。

常爸：针对不同年龄段的孩子，训练内容和方向有什么不同？

杨浩：4~6 岁的孩子首先是手指、手腕、球感、运球、护球等的练习。其次，要在场上能分清队友、对手，明白基本的篮球规则。同时也清楚基本的篮球术语，比如：底线、发球、传球、运球等等。

6~8 岁可以打一些简单的比赛，三对三、二对二、一对一。然后慢慢提升孩子对比赛的竞争意识，同时在训练当中不断地去打磨技术。

10~12 岁就可以看出孩子的兴趣。如果愿意投入更多的时间和精力在篮球上，这会是孩子训练出成绩、出成果最快的时期。

常爸：对于 4~6 岁的孩子来说，球场规则，他们接受起来容易吗？

杨浩：一开始不太容易，可能跟他解释说明后，他也不是很清楚。但是如果带着他跑一次全场，跑遍所有的线，告诉他这个线是干什么的，在活动当中边做动作边解释，他会更容易明白。另外，再给他讲一些经典有趣的篮球故事，两三次后，就没问题了。其实孩子的学习能力和理解力是很强的，方式方法很重要。

在教孩子们球场规则的同时，还要让他们明白，赛场上应当尊重对手、尊重队友、尊重裁判。这也能帮助他们在生活中学会遵守规则、尊重他人。

常爸：篮球讲究位置，每个位置都有不同的打法。那对于儿童篮球训练而言，如何教给孩子跑位的技能知识呢？

杨浩：正规比赛场上需要五个位置，组织后卫、得分后卫、小前锋、大前锋和中锋。儿童篮球训练，位置感并没有那么明显。一般只有个别孩子能够理解每个位置的不同。到了 12 岁左右，他也许就能明白怎么跑位。4~6 岁，我们一般会进行简单的小比赛，或者是没有太多对抗性的比赛。6~10 岁，会逐步设置一对一、三对三、五对五的比赛。

常爸：篮球是一项对抗型的运动，太瘦小的孩子适合这项运动吗？

杨浩：其实，10 岁以内孩子的训练或比赛，并没有很激烈的对抗。而且轻微的碰撞、磕碰、摔倒，也有助于孩子在运动中更顽强。孩子要通过这样一个运动环境不断地训练，才能变得更强壮，这也会促进他们身体的发育，这是一个成长的过程。

另外比较瘦小的孩子其实也会有自己的优势，如灵活性、敏捷性、协调性等。篮球是一个综合能力的较量，并不只是强壮才行。同时，也因为它是一项团体运动，团队中每个人都有自己可发挥的长处。比如某个人能力弱一点，但有很好的大局观、技巧、领导力或是积极的拼抢，能带动全队，这就是他的竞争力。

常爸：儿童篮球训练为什么要聘请外籍教练呢？

杨浩：欧美地区先进的篮球训练方式、方法还是很值得我们去学习的，它的针对性很强，同时很严谨，注重细节。我们的外教基本都是欧洲、美国职业联赛退役的球员，甚至有一部分人是职业教练，拥有多年青训经验。而且，英文环境对于孩子整体的篮球训练气氛是非常有利的，同时，也能引导孩子们接触到更多元的文化，在未来的生活和学习中更加国际化。

常爸：孩子们每次课程结束的时候都会集体手搭手，说 teamwork，然后绕场一周。这种仪式感也是篮球文化的一个体现吧?

杨浩：没错。咱们中国的孩子，在赛场上相对缺乏自信，通过这种互动、击掌、给队友加油助威的形式，会让所有人都沉浸在团队协作，互相打气的氛围里。对每个孩子都是一种鼓励和激励。我个人认为，这样的仪式感，应该在全国的中小学校园体育教育中推行。

常爸：咱们的孩子缺乏自信?

杨浩：对，因为我带孩子们去过不同的国家，也带队打过一些比赛，这个过程明显就能看出来咱们的孩子比起欧美的孩子，自信心不足。有的时候很怕犯错，导致缺少试错精神。担心一旦犯错了，教练可能会训斥，甚至害怕质疑。我认为这些方面需要我们家长和孩子包括教练各方的努力，去帮助孩子在质疑中成长，在总结中进步。当孩子努力拿到好成绩时，应不吝惜地及时给予鼓励。如果在很小的年龄，就能持有一种自信，并不断的勉励自己，对未来的比赛和生活都能起到积极的影响。

常爸：这么说，篮球好像是个关乎心理学内容的运动，很有意思。通过篮球训练，甚至可以改变或者优化一个孩子的性格成长?

杨浩：是的，举个例子，现在很多孩子因为父母工作忙，是爷爷奶奶带大的，这就很有可能会在训练场成为教练口中的重点“照顾”对象。因为大部分爷爷奶奶对孩子们，几乎都是有求必应。这些孩子可能具备一项本领，那就是“阅读”。他会阅读你的底线，会阅读爷爷奶奶的底线，也会阅读教练的底线，从而试探，而且敏感度较高。如果能把这些“特点”运用到篮球场上，比如：阅读防守、阅读对手的变化、阅读队友，甚至是阅读对手细微情绪的变化，都能转化为竞赛优势。同时，自我情绪的管理也是非常重要的心理学内容，场内渗透到场外，孩子也要学会遵守规则、尊重他人。

每个孩子都有自己的优势，作为教练就是要发掘和点燃这些优点。我认为，一个孩子没有“性格”和“个性”是打不了篮球的。在篮球场上，篮筐其实是一个目标。在生活中同理，为了一个目标要付出自己的努力。孩子很想把篮球投进篮筐的这个过程，就是他在生活中坚持、努力把一件事情做好，最终达到目标的过程。

常爸：有一些爸爸自己就喜欢打篮球，然后带着孩子在家练球，可能动作不是特别规范。这对孩子以后更专业的练习会有影响吗?

杨浩：说实话，是有影响的。如果父母的动作不正规、不规范，以后进入专业练习，教练或者老师就需要下更多功夫去纠正。但现在能有时间并愿意陪伴孩子运动的家长不多。父母是孩子的第一任老师，如果父母喜欢运动，家庭有很浓厚的运动氛围，家长经常能带着孩子锻炼，这种引导的方式是很难得的。

常爸：父母想让孩子去报篮球班，但是又想让孩子先培养一定的兴趣，等大一点再报。这个空当时期，父母要带孩子提前做哪些准备呢？

杨浩：可以带他多拍球、传球，也可以在家里安个小篮筐，鼓励孩子投篮，孩子在倍受鼓舞的情况下，会更加有兴趣。兴趣是最好的老师！

常爸：有些家长觉得打篮球在运球的时候都要弯着腰，对体态的塑造是否不太好？

杨浩：运球的正确姿势是要降低重心，目视前方，膝盖要弯曲，而不是腰背弯曲。打篮球的孩子看起来会很挺拔，身体比例也会更协调。

常爸：孩子打篮球，身体最容易受伤的是哪些部位，怎么尽量避免呢？

杨浩：一般容易受伤的都是关节部位，手腕、手指、手肘、脚踝，小的刮伤、碰伤也会有。但是对于幼龄的孩子，严重受伤的概率不高。在教学内容中，教练尤其要培养他们保护自己的习惯，就是摔倒或类似的情况下如何保护自己，这种自我保护意识非常重要。另外，训练前后一定要养成热身、拉伸的习惯，拉伸会对比赛中减少伤病起到很好的作用。

常爸：运动完孩子都喜欢大口喝凉的饮料，这样好吗？

杨浩：18 岁之前，都不建议喝任何的功能性运动饮料。常温的水最好，而且一定要少量多次饮用。

常爸：该怎么给孩子选择球鞋呢？

杨浩：鞋子在保证舒适度的同时，还要尽可能地扩大运动的优势。举个例子，一个体重很重的孩子，就不太适合掌面略窄的鞋。一个体重适中、身体素质好，同时又很灵活的孩子，他可能希望更低帮一些的鞋，方便运动。但基于对脚踝、脚底保护的考虑，我推荐孩子穿着舒适的中帮鞋。

常爸：孩子大多喜欢打球，尤其男孩。但是真正报班以后，他可能因为有训练要求就不爱学了。作为教练，有没有一些好的方法让孩子尽量能保持兴趣呢？

杨浩：如果单说训练内容，基本功的训练会让孩子觉得枯燥。所以，我们会通过游戏教学，通过更多的互动让孩子融入篮球的氛围当中。同时，在教研上，要不断丰富自己的游戏库、教学库。要让孩子觉得总有新鲜的训练方法，有不一样的内容。这样，原本认为训练是枯燥乏味的孩子，会觉得学习是一种玩耍，其实也在游戏中不知不觉地学到了很多技能。家长在生活中也可以跟孩子一起强化体育运动。其实在孩子小的时候这就是一种游戏，别抱有太功利的想法，那样反而会影响孩子对运动本身的喜爱。

常爸：谢谢杨教练的分享！

蔡亚元

12 岁，六年级。

2018 年，小篮球贺岁杯冠军；JLBC 冠军联赛亚军；“小篮球大梦想”北京市联赛西区第二名、总决赛第五名。

我要打进 NBA

亚元正式学篮球是从小学三年级下半年才开始的，这在学篮球的孩子中算比较晚的了，但这并不影响他对篮球的热爱。亚元在学篮球之前学了三年击剑，原本学击剑也学得很不错，但是也许是击剑这样的个人项目，对于性格开朗的亚元来说有些“耐不住寂寞”，接触到的小伙伴多是竞争对手，交朋友的机会少了很多。于是，亚元要求学习可以和小伙伴们团队协作的篮球，爸爸妈妈并没有反对，刚开始是两项运动同时进行着，但后来两门课的时间经常互相冲突，实在应接不暇，于是一家三口商量之后，亚元放弃了击剑，一门心思扑在了篮球上。

“学了三年的击剑就这么放弃，不觉得可惜吗？”我问亚元爸爸。

“孩子的性格更适合团队项目，我们尊重孩子的选择。击剑虽然放弃了，但是我们不后悔之前的付出。首先学习的那三年对孩子来说是一个美好的回忆，而且击剑对孩子敏捷性、专注度和反应能力的训练都起到了很好的作用，这对篮球的学习也是一个很大的帮助。而且，孩子有权利选择自己的兴趣爱好，父母应当给予支持和陪伴。”亚元爸爸说。

现在的亚元每周上三次篮球公开课和一次篮球私教课，还需要上一些学科类的辅导班，虽然每天的安排都是满满当当的，但是亚元很会自己调节。学习太紧张，正好可以去篮球课上放松一下神经，打篮球累了，再去看看书休息一会。亚元似乎已经完全掌握了自己的节奏。

上篮球课不仅占用了亚元很多时间，需要陪孩子上课的爸爸也同样付出大量的时间和精力。课外时间，爸爸偶尔还会带亚元到家附近的篮球场玩儿。虽然有些疲累，但爸爸很享受这个过程。因为篮球也是爸爸喜欢的运动项目之一，他陪孩子上课的过程中，会拍下孩子练球的过程，课后和孩子讨论孩子在场上的表现，这不仅能让孩子从不同的角度看到自己在球场上的得失，也拉近了亲子距离，父子的感情更加亲密。

对于孩子的未来，亚元爸爸笑着说:“没什么具体打算，让孩子享受这个过程，锻炼身体，充分发展自己的性格，上了中学能够进入校队就可以了。”但是，亚元可不像爸爸这么想，他说长大后要进 NBA。希望亚元定下的这个“目标”能够变成足够的动力，让他在篮球场上继续驰骋!

陈　媛

从事乒乓球职业运动 25 年，并有多年在日本俱乐部执教经验，尤其擅长少儿乒乓球启蒙；
现任“王楠国球舍”主教练。

小乒乓给孩子的大帮助

▼

乒乓球被称为中国的国球，是一项老少皆宜的运动。在我小的时候，下课和放学后，男生们都会围着乒乓球台，玩儿到天黑也不肯回家。现在，也有不少父母会选择乒乓球作为孩子的兴趣爱好，在强身健体的同时，还能保护视力。那么，它的能量仅限于此吗？

常爸：现在学乒乓球的小朋友多吗？多大的孩子适合学乒乓球呢？听说日本的福原爱四岁就开始打乒乓球了，但我感觉四岁的孩子手眼的协调能力并不是很好。

陈媛：现在学习乒乓球的孩子还是挺多的。通常来说，五岁到六岁半其实是学习乒乓球最适合的起始年龄。当然，也有四岁就学的，像你说的福原爱就是从四岁开始打球的。但是，这些孩子也不是一开始就直接上台打球，都是从练习挥拍动作、颠球和捡球开始的，要先练四肢的协调性。

常爸：哦，其实还是从练习动作的协调性开始。那捡球也需要练习吗？

陈媛：是的。捡球看起来很简单，其实不是。打个比方，现在的家庭，好像很少让小孩练爬了，父母似乎特别着急让孩子学走路，觉得早点儿学会走路的孩子很棒，其实不然。多爬会增强孩子四肢的协调性，对大脑的发育也很有好处。我的孩子在小的时候经常练习爬，即使会走了也尽量让她多爬。同样，孩子在捡球的时候不会像大人那样站着走过去捡，而是趴在地上甚至往前爬两步这么捡，这就是在锻炼他的四肢。现在很多孩子长大了动作不协调、平衡能力差，就是这些天性没有得到充分的发展。

常爸：在您的国球舍，家长送孩子来学乒乓球，主要目的是什么？

陈媛：都是希望孩子有一个健康的身体，锻炼敏捷的思维以及保护视力。

常爸：说到锻炼眼睛，打乒乓球对近视眼的治疗有帮助吗?

陈媛：有帮助。打球的时候，睫状肌会随着乒乓球的跳跃而放松和收缩，促进眼部血液循环和代谢。我们有一个学员十一岁，之前他近视差不多是 200 度，现在已经把眼镜摘了。还有一个明星的孩子，也是我们的学员，视力不好，大夫就建议孩子打乒乓球。

常爸：打乒乓球对于孩子的身体姿态会不会有影响? 因为我们看乒乓球运动员打球尤其发球的时候是弯着腰的。

陈媛：有时候发球是这样的，其实打球的时候，人的动作是舒展的、协调的，没有缩着打的。我们要做身体训练，包括力量、腹肌等等的练习，而且也不都是这样一种发球姿势。你看那些知名的乒乓球运动员，刘国梁、张继科、马龙等，没有驼背的。王励勤那么高，也不驼背。相关体能训练是会拉伸肌肉线条的，经常训练的孩子身高会高于同龄人。

常爸：乒乓球训练还会在哪些方面有利于小朋友的身心成长呢?

陈媛：首先是专注力和反应能力。乒乓球小，台子面积小，速度快，所以它也要求参与的人有非常快的反应速度。旋转、速度、长短、落点都需要第一时间做出判断。我不知道是不是巧合,像扎克伯格、比尔·盖茨,好多硅谷人都喜欢打乒乓球。

其次，是增强孩子的抗压能力。其实训练是一件挺辛苦的事情，有时候达不到教练的要求，教练就会严厉一些，孩子所承受的压力也会大一些，但是在孩子走向社会的时候，抗压能力会很强。反而有时家长会担心，过多的压力会不会导致孩子自卑等等，不敢给孩子太多压力。可教练不一样，在孩子心里，教练的位置和角色是不同的。因为是教练,教练就应该这样,孩子会有一个承受压力的预期,而且，等到压力过去，成功地完成了一件事情之后，会有很大的成就感。

一位伟人曾说过，我们要文明其精神，野蛮其体魄。如果身体强健，人的抗压能力自然会变强。一个身体非常健康的孩子,跟一个身体羸弱的孩子,他的精力、脑力、体力等各方面都不一样。

同时，乒乓球这项体育运动，可以说是打开孩子外向性格的一个通道，我觉得搞体育的孩子性格都比较开朗，他们见到球就特别开心。

我还想表达的一点是，不管做什么事，尤其是体育运动，最重要的是你能从中感受到它的美，感受到它带给你的快乐，而不是出于功利。就像乒乓球，不仅仅是因为它让我视力好，长高个儿，让我反应变快，我才去学。

常爸：如何让孩子一直保持兴趣呢？如果他就是不想打了，您的建议是什么？

陈媛：小孩子集中注意力的时间是有限的，玩一会儿就腻了，学一会儿就烦了。我个人认为这是很正常的现象。小孩都喜欢玩儿，我们也是从那个年龄过来的，谁不愿意天天出去玩儿？在场馆里一练就是四五个小时，谁都不乐意。我认为，关键在于家长要不要坚持，能不能坚持。现在有的家长，一看下雨了，就打退堂鼓，说："哎呀！今天天气不好，别去了，在家待着吧。"这让孩子怎么坚持？所以，我认为首先是家长坚持，然后要和教练一起正确地引导孩子。比如说孩子情绪不高，教了十遍、二十遍，就是学不会，这时候教练就要换一种方式方法去引导，也许换一个角度，换一个动作，降低难度，孩子就能够掌握了。他也会觉得，我还可以，能达到教练的要求，从而获得自信心和成就感，就有坚持学下去的动力和信心。

常爸：您在日本的时间比较久，您觉得那边的小朋友和国内的小朋友的成长情况有什么不同？

陈媛：因为咱们国内的普遍情况是每家一个孩子，几乎全家人，包括爸爸妈妈、爷爷奶奶、姥姥姥爷就围着孩子一个人转。而国外的孩子自理能力比较强，基本是自己的东西自己收拾。上小学，国外孩子的书包都是自己背，咱们的孩子呢？大多是家长背。

前些天我去沈阳出差，有一个日本的小孩来辽宁训练。她训练的时候流鼻血了，我们的教练，呼啦一下全过去了，这个给掏纸，那个给擦鼻子，这个给扶脑袋。再看她爸爸，就在边上看着，一动没动。其实很简单，流鼻血了，孩子自己找张纸，擦一下就行了。怎么说呢？中国家长对孩子就是关注过度，让孩子失去了独立自主的意识。

讲一个细节，因为我在日本呆得比较久，慢慢地就发现。日本的小孩不管多小，出门都有一个自己的小包。里面也许就装了一块手绢，他觉得这是我的东西，要自己背。再大一点儿，或许是一个水壶，出门自己背着，这是他的意识，自己的事情自己做，而不是家长帮着做。

我有一个朋友的孩子在日本读书。有一次小朋友忘了带书包，老师给他妈妈打电话，他妈妈赶紧送过去，一直跟老师道歉："我今天早上太疏忽了，是我的错。"她儿子还挺不高兴的，埋怨妈妈忘了帮他拿书包。然后老师说："你们确实错得很厉害。书包是孩子的，不是妈妈的，他应该自己记得，他应该为自己负责。"

常爸：是啊，这样长大以后，如果遇到一些问题和挫折，孩子可能就会习惯性地把责任往外推，而不是自己来承担、面对和解决。那怎么样选择教练呢？如果只

是以培养爱好、锻炼身体为目的，还需要选择很专业的教练吗？

陈媛：孩子跟着老师，学到的不仅仅是技法和技巧，更有品德、德育的理念在其中。所以，无论是老师还是教练，本身的素质素养很重要。从另一方面来说，现在孩子的成长各方面都和以前不一样了，即便是玩儿，比如游泳、轮滑等等，都是在专业的机构学习，业余的竞技水平跟专业的比还是有差距。所以，有条件的话，还是跟专业的老师学比较好。

常爸：感谢陈媛教练！

馨　锐

8 岁，出生于乒乓球世家，在北京东城体校学习乒乓球 2 年。

2018 年，国球舍杯乒乓少年巡回赛第五名。

成为金字塔的顶尖？不，它只是我的好伙伴

▼

馨锐从 6 岁开始就在北京东城体校学习乒乓球。选择乒乓球主要是源于父母的引导，因为父母都是乒乓球教练，现在乒乓球已经成为馨锐日常生活的一部分。

很多人都很好奇，既然父母都是乒乓球教练，为什么还要送孩子去体校学习呢？自己在家里教不就行了？“因为她不会把我当成教练啊！在她面前，我始终是妈妈，她会跟我撒娇、闹脾气，不肯练习。”妈妈坦言，“把她送去体校，让她和小朋友一起训练，有教练管着，我只扮演陪伴者的角色，这样对她更有利。”

小时候，馨锐看着妈妈训练大哥哥大姐姐打球，觉得哥哥姐姐们训练时，都没有笑容，不好玩儿。后来，自己去了体校，一开始的启蒙阶段，和小朋友们一起玩儿还是很有趣的，她也很快就喜欢上了乒乓球。但是，随着乒乓球水平的逐渐提高，一年多后，馨锐也到了“没有笑容”的训练阶段。尤其是一对一的练习，非常枯燥，也很辛苦。小姑娘心里的抵触情绪也慢慢表现出来：“为什么我周末要打球？为什么我不能出去玩儿？”馨锐这样质问妈妈。妈妈没有逼迫她，只是带她去看比赛，看球员的输赢，给她分析为什么会输、为什么会赢。妈妈说：“因为小孩子还是喜欢赢的，赢会让他们有成就感，感受到乐趣，他们也愿意为之付出努力。”

现在的馨锐已经很少说“不想打球了”，虽然练习苦的时候，也会跟妈妈抱怨，但再苦的训练也都咬牙坚持下来了。说到未来的发展，身边的很多人都说那就打进国家队吧。可是，投身乒乓球事业这么久的父母，深知这条路有多难走，“中国的乒乓球太厉害了，想要进入国家队，需要特别好的成绩，只有很少的孩子才能做到。我更希望馨锐能将乒乓球作为兴趣和爱好，又能兼顾到学业。会考虑让她出国留学吧。有这项特长，比较容易融入当地大学的校队或同学圈，放学后训练也能避免一些安全隐患。”妈妈很务实地说。

苏　怡

国家一级游泳运动员，国家中级教练员；
现任北京市海淀外国语实验学校游泳教师；
从事游泳教学 17 年，已向专业队输送若干专业运动员。

游泳，你要慢慢来

游泳是夏天最热门的活动，游泳池里简直是人满为患，报班学游泳的孩子也成群结队。可是，平时酷爱玩水的孩子一进游泳班就号啕大哭，今年学了明年又忘了，到底该先学哪种泳姿？孩子学游泳，家长的困惑也不少。于是，我邀请到国家中级教练员，北京海淀外国语实验学校的游泳教师苏怡来为大家答疑解惑。让游泳成为一件让孩子觉得有意思的事儿，或许比学会几种泳姿更重要。

常爸：现在很多家长在孩子 5~6 岁，甚至 4~5 岁的时候就送去培训班学游泳，觉得年龄越小孩子越不怕水，学得越快，是这样吗？

苏怡：5~6 岁还是偏小，学起来会比较慢。一般在 7~8 岁这个年龄段，学起来是最快的。

常爸：为什么这么说呢？

苏怡：年龄小的优势是身体韧带很软，柔韧性特别好；缺点是注意力不集中，理解力有偏差。比如训练中的一些术语，像蛙泳的“收翻蹬夹”，年龄太小就理解不了，而且比较难专注地训练学习，学起来反而会比较慢。

如果年龄太大的话，像青春发育期的孩子或者是成人，尽管他的理解能力非常好，专注力时间很长，但是他的韧带、骨骼都已经定型了，有一些动作虽然知道，但是做不出来。

所以，4~5 岁尚早，7~8 岁比较合适，这个年龄的孩子正好处于柔韧性和协调性发展的最佳时期，而且孩子的注意力集中，理解能力也跟得上。

常爸：游泳、骑自行车都是属于肌肉记忆，是永久的。但是很多孩子暑期一期学

完了，到第二年夏天就忘了，还得从头学，这是为什么？

苏怡：如果暑期班是那种大班、速成班，有时候一个教练带的孩子比较多，针对性就比较弱。一般学龄前的孩子，一期大概是15节课左右，也是在很短期的时间内，把所有的技术动作学习安排得特别满，就是说到第15节课的时候，孩子可能刚刚达到学会的程度，但是并没有一个巩固和复习的过程。说白了，孩子游的时间还是太短，太少。如果他能够游20次、30次，那么基本上就能形成一种肌肉记忆。到第二年，是不会忘的。

所以，即使一期学完毕业了，家长每周还要带孩子再去游一次或者两次，这样坚持一两个月，让孩子多熟悉、消化、吸收学过的东西，到第二年就不会忘了。

常爸：选择课外班，大班好，还是一对一的好？

苏怡：这两种班型各有利弊。如果是大班，在北京的暑期班通常一个班里是15个孩子，我觉得太多了。如果一节课一个半小时，教练要针对15个小朋友，那么教练在一个孩子身上花费的时间会很少。

如果是一对一，肯定针对性很强，但缺点是比较枯燥，孩子游一会儿就觉得没意思了。大班虽然针对性弱一点，但是和小朋友一起，就觉得有趣多了。

所以，我觉得对于初学、年龄小的孩子来说，一对三是最好的，既有兴趣，针对性还比较强。互相有竞争，你比我快，我要追上你；或者你比我勇敢，我要向你学习。

常爸：据说，国外孩子都先学自由泳，因为相对容易，最后学蛙泳。但是国内的孩子都是先学蛙泳，再学其他泳姿。哪一种方式更合理、更科学？

苏怡：其实德国也是先学蛙泳，但是像英国、澳大利亚这些国家，是先学自由泳。中国是先从蛙泳开始学。先学什么泳姿也是各有利弊。其实蛙泳的腿的动作是四种泳姿当中最难、最复杂的。它有四个分解动作，就是收、翻、蹬、夹。而自由泳、仰泳、蝶泳的腿部动作都是非常简单的，就是自然弯曲、向下打水就可以了。不过蛙泳的换气简单，就是抬头低头，正面往前换气，而自由泳的换气是最难的。

其实国外上游泳课并不像我们国内，上来就教你基础动作，而是特别注重孩子水感和兴趣的培养。因为有的孩子刚来的时候很抵触，紧张、不敢下水。教练如果立刻就教他基础动作，他还是会害怕。但是国外的教法是，刚开始不教动作，就让孩子在水里泡着玩儿，培养水感，让孩子不怕水、喜欢水。等到后面再开始慢慢教基础动作。一般会先学自由泳，因为自由泳的腿部动作是最简单的，就是上下打水，可能一次就做到了。等到更深层次的学习，才会涉及换气，虽然换气很难，但是有前期铺垫的水性的培养，基础打得比较牢。所以对于此时的小孩来讲，学起来相对会容易一些。

常爸：是啊，咱们国内的家长都比较着急。

苏怡：咱们国内就属于偏速成的。从换气到漂，到基础动作，再到脱板脱漂，可能一共就 10~15 天，其实这里面涵盖的信息量特别多。但是我并不鼓励这种教学方法。有的孩子可能胆大一点，协调性好一点，也能完成。但对于年龄小的孩子，或者胆子小的孩子，压力会很大，还会很害怕，本来是一件有趣的事情反而没兴趣了。

而且很多家长比较急切，不太了解学习游泳是怎么一回事。有时候还会问“我们多久能学会呀？”或者“我们一期能学多少种泳姿啊？”感觉到他们很想让孩子尽快掌握，尽快学会。这样对于教练和孩子来讲都是很有压力的。

我觉得首先家长不要给孩子压力，也不要给教练压力。让孩子先喜欢水，让他在水里面玩，可以先不报班。家长有空多带着孩子去游泳池，洗澡的时候多接触水。让孩子喜欢水，主动把头放在水里去吐泡泡，或者戴着眼镜去看水里的东西。等水感基本形成了，再给孩子报班学动作，这样效果会更好一些。

常爸：就是说先学哪一种泳姿不是那么重要，而是先要让孩子能亲近、喜欢水。

苏怡：对。我觉得先学哪种泳姿都可以。首先要让孩子喜欢水、亲近水，要让孩子自愿的、主动的把头放在水里，这个基础打牢了，再学什么都容易。其实在中国也有先学仰泳的，主要针对很小年龄的孩子，像 4~5 岁的，对水特别恐惧不敢低头的小朋友，可以尝试先学仰泳，因为仰泳身体平躺于水面，不用低头，可以随时换气，而且仰泳的手臂及腿部动作相对简单，容易掌握。

常爸：暑期的游泳班一般都是连着上的，很多是连续上 15 天的课，这样的安排合理吗?

苏怡：如果报的是那种大班的，通常是 15 天，应该连续每天都去。因为教练每天都有新的教学内容和安排。如果中间缺课，到后期可能就跟不上进度了，会比较吃力。

一对一学习是没有关系的，甚至一周上一次都可以。因为学习初期如果天天游，孩子可能前一节课的动作还没有完全消化吸收，第二天又要去学习新的内容，会有些吃力。其次是孩子学习初期心理比较紧张，容易造成肌肉僵硬，使蛮力，不放松，一节课下来会觉得特别累。而且天天上课不利于恢复，等到技术动作全部学完，后期处于巩固复习熟练阶段时就可以天天坚持，直到形成肌肉记忆，完全学会!

常爸：那对于学龄前的孩子来说，一次游多长时间比较合适?

苏怡：其实一个小时到一个半小时就足够了。7~8 岁以后，一个半小时完全可以。

常爸：家长在给孩子选择教练时，对于教练的资质要有什么样的要求?

苏怡：游泳教练肯定是要持证上岗，有教练资格证的。教练资格证分三级，初级、中级、高级，且每年都要年审的。最高资质的是高级教练，培养专业的运动员，可能是在国家队任教，再就是中级和初级。

现在的游泳馆里面，我也见过很多教练根本就没有证，或者是半路出家的，可能经验比较丰富，教得多。但是我觉得对于家长而言，还是要看一下教练员的资质，有教练员证，会更靠谱、更放心一些。

常爸：什么季节适合学游泳呢? 大家可能都觉得夏天比较合适。

苏怡：一到夏天，学游泳的人会特别多。因为夏天热，大家都想去游泳池里泡一泡。这个时候不会游的就着急了，就会激发家长自己或者想让孩子学游泳的念头。但是到冬天，天冷了，穿的也厚了，谁也想不到要去游泳。但是从学游泳的角度来讲，我比较倾向于冬天。

第一，夏天游泳馆里的人特别多，效果不好。

第二，往往就是暑期学完了，后面天气冷了很难坚持，没有巩固，等到第二年，孩子可能又忘了。

我建议九十月份以后去学，这时候游泳池人特别少。而且天渐渐凉了，孩子学完以后，也就到冬天了，他也不会觉得天冷游泳有多么不适应，适合巩固学习，整个冬天就连过来了，效果反而会非常好。当然，游完泳出门前一定要把头发吹干，带上帽子，注意保暖。

常爸：游泳对于孩子的身体、性格发育等方面，具体都有哪些好处呢?

苏怡：好处很多，从形体上来讲，身形会很匀称，呈流线型，很好看。对于孩子的心肺功能、肺活量，也是一个特别好的锻炼。尤其对于有哮喘的孩子，练游泳是很有帮助的。

同时，游泳对孩子的意志力、耐力的增强也是有好处的。这种磨炼，我觉得在他将来的工作和生活中都是受益匪浅的。在遇到困难的时候，不会轻易放弃，相信只要坚持下去，就一定会有收获。而且，学会游泳更是一种生存技能，能自救也可以救人。

常爸：现在有的游泳机构有长训班，这种长训班设置的目的是什么? 什么样的孩

子适合上这种长训班？

苏怡：长训班是两个方面的选择，一个是教练从暑期班、速成班选出来游得比较好的孩子，如果教练觉得比较有潜力的，条件比较好，可能会跟家长谈，愿不愿意让孩子继续坚持下去，将来考学可能作为特长生，或者进专业队参加比赛。还有一种是家长为了让孩子作为一个长期锻炼的项目，比如有的孩子比较胖，家长想让他减肥，目的也不是为了出成绩，就是让他去锻炼身体。

常爸：谢谢苏教练的详尽解答！

西 宝

10 岁，国家二级运动员。

2018 年，海淀区六一杯选拔赛 50 米蝶泳第一名；

北京市六一杯游泳比赛 50 米自由泳第二名；

北京市传统校游泳比赛 400 米自由泳第三名。

兴趣这事儿，让孩子做主

西宝是从小学一年级入学之后才开始学习游泳，短短 4 年的时间里，西宝从一只旱鸭子成长为国家二级运动员。西宝经常说，自己一天不泡在游泳池里，就觉得特别难受——游泳已经成为她生活中不可或缺的一部分。

“到底是什么让孩子这么喜欢游泳呢？”我问西宝的妈妈。西宝妈妈回答说：“我认为是我和孩子爸爸给予她充分的尊重，让她找到了自己喜欢的东西。”从幼儿园开始，妈妈就很注重给孩子选择的权力和自由。每天上学前要穿哪一件衣服，西宝可以自己做决定。一到寒暑假，爸爸妈妈从来不会打鸡血一样让孩子去各种培训班补课，而是把她送回老家的大草原尽情享受童年的乐趣，甚至西宝上小学前爸爸妈妈从来没有给她报过任何兴趣班。

这样的“放任自由”似乎正合西宝的心意，她慢慢地探索着自己的兴趣点，爸爸妈妈也不紧不慢，耐心地守候着她一天天长大。终于有一天，西宝对妈妈说：“我要学游泳！”“可以，没问题啊！”母女俩一拍即合，游泳课就这样开始了！

游泳的训练很辛苦，每天至少要在水里游够 5000 米，陆上体能训练需要 1 个小时以上。已经上了小学的西宝，一面应对课业的压力，一面参加每天的训练，但她从来没有在父母面前叫苦叫累。“有时候她偷懒不想写作业，我就说要是不写作业，就停止训练。”妈妈说这招儿很管用，西宝很快就写作业了。游泳训练对西宝来说就是一种娱乐与放松的方式。

西宝擅长游泳，也知道怎样能让自己游得更好。每次游泳比赛前，西宝总是要求妈妈给自己买几套拼插玩具。有一次妈妈问她为什么，她说：“我在做赛前减压，玩这个玩具能让我放松下来。”然后，她就戴上耳机听着歌玩儿了起来。妈妈说：“西宝很了解自己，知道遇到困难抱怨、退缩没有用，只有自己想办法才能克服。”

“是什么让孩子具备了这种了解自己的能力呢？”我问西宝妈妈。“我认为和我们的教育理念有关系，我们基本不会因为孩子的教育问题产生分歧，也从来没有为此焦虑过。”妈妈回答。西宝从小生活在一个温暖而毫无压力的家庭里，父母的这份恬淡造就了她不骄不躁、平心静气的性格，这使她能够冷静地分析问题、沉着地应对困难。

说到对西宝以后的打算，西宝妈妈说，毋庸置疑，游泳这项特长会一直坚持下去，但是现在有了一个小目标：六年级或初一时，希望西宝能在北京市游泳比赛排名第一，全国比赛排到前三名，取得国家一级运动员的资质，同时不落下文化课成绩，以游泳特长升入北京一所市级重点中学。

“那不是很难的一件事情吗？”我很惊讶。“不难，一点也不难，西宝一定能够做到的，因为她有毅力、能坚持、能吃苦。”西宝妈妈不慌不忙、淡淡地说到。

是啊，具备了这样的品质，又有什么事情能难倒她呢？

祁 昕

从事儿童滑雪教育工作多年；

双板滑雪雪龄 10 年，偏好自由式滑雪，雪上技巧，野雪；

“新秀滑雪教育”机构合伙人。

滑雪，除了自由还有规则

▼

随着北京冬奥会申办成功，越来越多的家长开始关注并让孩子加入到冰雪运动中来。与此同时，我们也总能听到孩子因滑雪受伤、死亡的案例。10 岁男孩命丧滑雪场的新闻甚至刷爆了朋友圈。我身边也有不少父母送自己的孩子到滑雪训练营学习，看了新闻大家都不免担心和后怕，原来，滑雪是一项这么危险的运动！可是为什么国外的男女老幼都那么热衷于滑雪呢？还被列在了冬季奥运会的主要项目之中？孩子们一到雪场就兴奋开心得忘乎所以，作为父母，我们究竟该如何选择，如何对待？带着这些问题，我采访了儿童滑雪机构创始人祁昕。整个访问他都一直在强调规则和风险意识，特别是孩子如何通过滑雪来加强自己的风控意识和能力，让我对滑雪这项运动有了更深层的认识和理解。

常爸：滑雪这项运动在孩子多大时开始学习比较合适？

祁昕：其实每个孩子都是不一样的，网上所有的这些信息都是仅供参考的，你必须得观察自家孩子的实际身体状况，主要看奔跑、跳跃的能力以及小腿骨骼的硬度，这些是决定能否学习滑雪的基本要素。个人推荐的安全年龄是 5 岁以后。如果父母经常滑雪，对这项运动熟悉、了解，那么孩子 2~3 岁也有被带去滑的。家长心里对这个事儿了解的程度越深，就越敢带孩子去。也就是说，我知道孩子在遇到危险的情况下该怎么去保护他。只有对某件事情了解得越多，我们才会越谨慎、越有信心。

如果父母完全没有滑雪经验，那就等孩子稍大一些再开始，因为随着年龄的增长，骨骼硬度和所能承受的冲击也会变强，安全性更高。

常爸：现在学滑雪的孩子多吗？爸妈都是出于什么样的考虑送孩子去学呢？

祁昕：据我所知，在北京周边，每天在雪场上学滑雪的孩子有几百甚至上千人吧。在北京和崇礼大概有四五家儿童滑雪学校，每天每家都有几十个孩子在上课，而且以现在的趋势来看，会越来越多。

大多数学滑雪的孩子，他们的父母就是滑雪爱好者，孩子学会后就可以带着一起玩儿，一家子乐趣也更多。还有一些父母不会滑，但是觉得冬天比较枯燥，其他的户外运动项目也比较少，相比之下滑雪这个项目在冬季是个不错的选择。

常爸：孩子跟着教练学习滑雪，爸妈不在身边他们会不会焦虑或者不安？

祁昕：一般来说 5 岁的孩子已经上幼儿园了，已经经历过分离的阶段了。其次，在雪道上，在自然的环境里，孩子的注意力完全会被雪吸引，这个是天性的显现，而且还有其他小伙伴在一起，他开心还来不及呢。

反而焦虑的是父母，谨小慎微地跟着，恨不得寸步不离。滑雪学校通常会选一个比较空旷的场地，让父母在距离很远的地方也能清晰地看到孩子。一般在雪具大厅里面有一块大玻璃，家长在里面休息，同时也能看到整个雪道上的情况，这样就能缓解家长心里的焦虑感，也能随时看到孩子滑行的表现。

其实这样安排还有另外一个目的，就是让孩子跟家长隔离。因为如果妈妈一直在身边陪伴，孩子就会时刻回头看妈妈，也容易变得焦虑，这样的学习过程就会很不顺畅。而孩子一旦与妈妈隔离开来，就进入到了一个新环境，跟周边的人产生关系，比如教练和其他的小朋友，那么他的注意力也会成功转移，学习自然就比较顺畅。

上了几次课，父母完全了解训练的过程后，对于机构、教练，包括自己的孩子都有信任感了，焦虑和不安也就渐渐消失了。

常爸：很多父母觉得孩子弱小，容易受伤，需要大人的呵护，但是通过我们之前的系列采访，发现大部分小朋友在学习过程中的表现都很独立、很坚强。

祁昕：是的。孩子可以做一切事情，因为他生来就是一个完整的人。所有他不能完成的事，大多是因为家长自己设置了阻碍，或者替他完成了，把他拓展和延伸的能量抹杀了。所以，我经常跟家长说，如果你希望自己的孩子学习完成一个动作，那就请你现在回大厅去休息，你在这儿站着，他就看着你，什么都不做，你也帮不了他什么忙，有专业的教练正在帮助他。

常爸：滑雪是一项运动，也会有一定的风险和伤害，我们该如何让孩子规避风险？

祁昕：滑雪可以很安全，就跟开车一样。开车安全吗？如果大家都遵守交通规则，开车就很安全。如果你不遵守交通规则，那么开车就变得不安全了。在雪道上也有自己的规则，你进行什么类型的滑雪内容训练，就应该遵守什么样的规则。

我们一般上课都是六个小孩一组，第一个教练是负责做示范动作的，最后一个教练是负责安全保卫的，就是他要负责每个孩子安全到达下面。

据我所了解到的滑雪伤害，大部分（我只能说大部分）都是源于秩序感、规则意识和风险评估的缺乏（也有一些是因为滑雪场没有遵守安全防护的规章制度）。

秩序是从小就应该建立的一种意识。像咱们过马路，你可以看到很多人过马路时根本不看左右，那他们受伤的概率就比看的人高很多。在雪道上也是一样，你每次在做滑雪训练动作时，都应该做基本的雪道审查。例如这是一条多长的道，坡度是怎么样的，雪道情况如何，有多少人在雪道上滑行，身边的人都在干什么，都要看。等看完了，再决定我现在应该干什么，这个动作我该不该做，风险在哪里，这一切都是一种习惯的养成。

上滑雪课时，教练都会教授规则，会示范。比如雪道很长，在哪儿能停，哪儿不能停？为什么这儿可以停，那儿不能停？停下来应该做什么？又比如说我应不应该戴头盔，什么时候必须要戴，有什么好处？必须有几个人一起，才可以下什么样的雪道？单人能够去哪里？这些都是有一套固定规则的。这些规则都是在几百年的滑雪实践中摸索出来的。如果我都做到了，那就是相对安全的。所以如果有一个良好的教练系统，可以帮助孩子在一开始就杜绝很多问题。

常爸：其实对于孩子来说，不只是在滑雪的过程中要懂得遵守规则，在日常生活中更是如此。

祁昕：没错，它是基于一个秩序感。秩序感在孩子小的时候就应该建立。什么事情该做，什么事情不该做？什么时候可以做什么，不该做什么？只要把这些行为规则牢牢记在心里，就会大大降低受伤的概率。

这个世界本来就是充满风险的，如果家长让孩子尽早接触风险，与风险共处，那么孩子就学会了一项生存技能。如果总是不让接触，他就永远不知道该如何面对和解决风险。尤其一些家长过度替孩子完成了风险控制，那孩子就失去了风控的能力。

常爸：学习滑雪有什么好处呢？

祁昕：我看过一些文章写道“学习滑雪可以提高孩子的平衡性，或者提高小腿的肌肉力量”等，我个人感觉这很功利。我始终认为，滑雪带给我们最重要的一点是——快乐。我们可以说滑雪能让孩子保持健康的体魄，提升孩子身体的灵活性或者是反应能力等等，但这些东西都是附属品，所有的前提是因为你快乐。获得快乐，对于当下社会孩子甚至是成年人来说，才是最珍贵的能力和体验。

常爸：我觉得你说的这点特别有道理。因为现在很多家长，包括我自己，在选择给孩子学什么时，第一反应就是是否对他的将来有帮助。

祁昕：滑雪要面对的情况永远是在变化的，这跟我们当今的社会状况很像。在这个多变的社会，我们每周、每月都要去面对新的外部环境，去调整自己，但是这个调整又不是以你的意志为转移的，是你必须去接受和适应的。

雪道的坡度、雪的硬度是永远不变的，它不会因为你的主观意识而发生变化；重力对你施加的影响力也是稳定不变的，这些东西你都左右不了。但是在滑行的过程中会遇到突发的情况，比如遇到一个雪包，我们本能的想法是，把它铲平过去，但是你会发现，这些雪包是铲不平的，你也不可能铲平自然界所有的雪包，它是如此的坚硬和强大，你只能绕过去。关键就在于你接触它的一瞬间，选择用什么样的方式优雅轻松地绕过一个又一个雪包。雪包依然在那里，但我已经通过了，它不会对我产生阻碍。如果说我非要和这个雪包较劲，那我就只能受伤，这在现实生活中也是特别重要的一个人生启示。

另外一点就是，滑雪始终在控制和失控的边缘，你觉得你能控制得了，但是你又时刻担心控制不了，这也是我们在现实社会中经常面临的问题，关键要看你怎么演绎你的角色，去控制你能控制的那部分，应付不可控的那部分。如何面对每一次失控，如何去调整，如何选择一个正确的姿势，以使自己在每一次失控的时候，都能应付得了。这也是滑雪能教给孩子的一个特别重要的人生启迪。

常爸：那接下来我的一个问题是如何选择教练或者机构？

祁昕：我觉得教练比机构品牌更重要，就像在学校里，一个好老师要比学校的名气更重要。因为教练会直接教导、影响你的孩子。前两年雪场的教练大多数是从东三省的退役运动员里选送过来的，但是这一部分教练的文化素质相对不高，在儿童教学中也存在一定的问题。现在的趋势是从体育院校里选拔本科毕业生，并对他们进行滑雪技能的训练。教练自身的基本素质很重要，这直接影响到他对儿童教育和体育教育的理解。

另一方面，教练的基本素质要比滑雪技术更重要。其实滑雪的过程就是一个学习做人的过程。它能教会你很多重要的东西，例如仪式感、秩序、规则等等。

常爸：能说得详细一些吗？滑雪的仪式感体现在哪里？

祁昕：首先，滑雪并不是那么便利的运动，你要把所有的装备按照顺序穿戴在自己身上。从内衣到保暖层，到外衣，再到鞋、板，各种护具，全都要一件一件按照固定的顺序穿戴好。这对孩子来说是重要的秩序训练，就是做一件事情，头绪是什么？从哪儿开始，到哪儿结束？中间有哪些检查点，怎么确保我的每一步都是对的。

然后是雪道上的热身运动，热身运动有哪些步骤？为什么要做热身？开始做训练后，今天训练的内容是什么？从哪儿开始？怎么结束？所有的顺序都是非常规范的，不能任意修改或跳过。因为你所有的忽略或懒惰都会在后面留下隐患。比如穿袜子的时候没有把袜子穿平，那你滑一小时下来，腿就可能会硌出一个包。

在滑雪学校很重要的一点，就是一切事情都要自己完成，教练基本上是不插手的，除非是孩子完全力不能及的。雪鞋加上雪板的分量也不轻，每个孩子都要自己管理好自己的装备，这是一个很完整的仪式过程。

常爸：儿童滑雪的课程设置一般都是怎么样的呢？每星期一次课吗？

祁昕：一开始是这样，以后会越来越密集，到后期寒假班，可能一周四天、五天连着上，类似训练营。

常爸：还有一个问题，学习滑雪，是不是只要孩子会滑就行了，还有进阶学技术的必要吗？

祁昕：滑雪满足的是一种人类的原始快感，以及对于速度的追求。速度、失重都是人类的本能快感。有的人多一点，有的人少一点。每一个滑雪的孩子，都会在摸索中选择自己的速度点。当滑到一个自己感觉到害怕的速度时，就不想再快，但如果再慢又觉得没意思。

选择了这个速度点之后，对应的技术就出现了。以 15 公里每小时、30 公里每小时或者 100 公里每小时的速度滑行，方式肯定都是不一样的。每一个速度点都对应一种技术动作来配合完成。

滑雪是一个顺应自然规律过程，你不能去违背它，这是基本道理。如果非要用一个不合理的技术动作在一个错误的角度滑下去，结果要么是摔倒，要么这个动作即使完成，也很难受。滑雪告诉我们的道理就是，要找到自然界的规律，找到了就去遵从它。

真正的滑雪高手是在任何不同的坡度，不同雪面的情况下，都能轻松滑下来，而且在滑的过程中，不停地变换自己的技术类型去适应各种各样的外部情况，如果你只掌握一种技术，那就只能在一个速度上滑。孩子也是一样，在掌握了一个速度后，自然就会追求更高的速度，他也会对应地去寻找新的技术动作。

常爸：有很多滑雪爱好者会追随世界各地的雪季去滑，那适合带着孩子一起吗？

祁昕：这主要看父母和孩子的兴趣，还有时间上的安排。首先北京的滑雪季从十二月初到来年的二月中旬，两个半月。崇礼长一点，从十一月初到三月底。吉林大概是从十月中到四月初，长白山会更长。新西兰、智利的滑雪季从每年的五月到八九月。所以，一个狂热的滑雪爱好者，他的雪季分为南半球雪季和北半球雪季，他会追着雪去走。

常爸：谢谢祁教练的分享！

王凯文

6 岁，学习滑雪 4 年，被多家媒体称为滑雪神童、明星滑手。

2017 年 12 月，参加中国滑雪技术大奖赛，成为最小的并且唯一一个通过单板、双板 5 级双认证的选手；

2018 年 1 月，参加李宁国际滑雪公开赛，分别获得单板、双板竞技旗门双冠军。

是什么让他受伤后钟爱依旧?

▼

如果你是一名滑雪爱好者，近一两年一定听说过滑雪神童王凯文的名字。年仅 6 岁的凯文从 2 岁开始滑雪，现在已经滑了 4 个雪季。说起小凯文初学滑雪的缘由，和爸爸有很大关系。

凯文爸爸从 1999 年开始滑雪，从单纯爱好滑雪发展到滑雪发烧友，再到后来干脆辞掉工作转到滑雪行业。他在家里经常和家人聊滑雪的话题，看与滑雪相关的电影、节目，就这样，凯文在家庭环境的熏陶下，得到了很好的滑雪启蒙。

“爸爸妈妈去哪儿了？”

“滑雪去了。”

爸爸妈妈如果不在家，一定是去滑雪了，这让小凯文从小就对滑雪充满了向往。凯文 2 岁时，爸爸带着他到雪场体验了一次，滑雪的大门就此向小凯文打开了。2 岁开始滑单板，3 岁接触双板自由式，6 岁拿到北京市滑雪等级最高级别……年龄这么小，成绩如此之好，这让很多专业级滑雪运动员都惊叹不已，被称为“神童”真是名副其实。

虽然孩子滑雪非常出色，但是凯文爸爸说，家人曾有过让孩子放弃的想法。因为在凯文 4 岁时，在一次滑雪过程中受了很严重的伤，迄今为止已经做了四次相关的恢复手术。“我们不想让他滑了，但他自己坚持一定要滑，滑雪是他最大的快乐。”凯文对滑雪的热爱让家人不得不继续支持他。每年一到冬天，凯文就天天泡在滑雪场里，没有一天中断，直到滑雪季结束。

说到滑雪对孩子的影响，凯文爸爸脱口而出：专注力和想象力。滑雪运动中有一个项目叫高山滑雪，滑的时候速度极快，需要注意力高度集中，凯文爸爸说：“哪怕是眨一下眼睛，都有可能被前面的障碍物绊飞。”所以需要滑雪者百分之百专心，这也锻炼了凯文的专注力。

“滑雪可以让孩子更有想象力，这怎么理解呢？”我问凯文爸爸。

“凯文比较擅长的一个项目是自由式滑雪，这项运动要求运动员借助滑雪板和雪杖在布置好的道具上做出各种新奇的动作，凯文古灵精怪的想象力可以在滑雪中尽情地发挥出来。”

回顾这四年来凯文学习滑雪的经历，爸爸总结了两个心得：第一，家长要引导孩子，从兴趣出发。“凯文是发自内心喜欢滑雪这项运动。”凯文爸爸这样说。在滑雪行业工作的凯文爸爸见过很多不喜欢滑雪却被父母强迫学滑雪的孩子，“遇到这样的情况我真的看不下去，兴趣爱好不是天生就有的，是需要后天培养的，这需要父母的悉心引导，而不是生拉硬拽地强迫。”

第二，保证孩子滑雪安全，这是最重要的一点。6 岁以下的孩子，如果家长有条件，有滑雪经验，最好亲自参与孩子的滑雪练习，这样能够给孩子更好的安全保障。另外，对于雪场的安全系数家长要有所评估，如果认为存在安全隐患，即使是很重要的赛事，也不建议参加。

“滑雪运动有一定的危险性，最重要的是安全，家长要尽到保护孩子的监护义务。”既是一名父亲，又是滑雪行业从业者的凯文爸爸，这样提醒学习滑雪的家长们。

现在，小凯文不仅在各种滑雪比赛中获奖，还作为滑雪运动领域的突出代表登上过北京春晚，参加了多家卫视的综艺节目，甚至接拍广告和电影。凯文爸爸说：“我们从来没有刻意设计过凯文的发展路线，他首先从滑雪中获得了快乐，与此同时，滑雪的经历也让他变得更加优秀。”

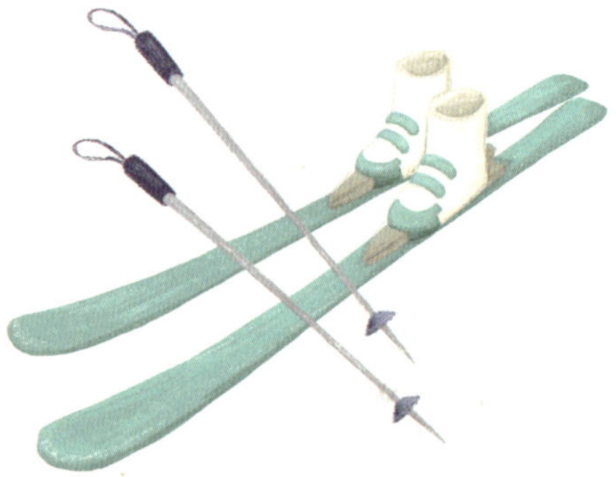

张志强

美国溜冰协会银级教练；
曾获全国冬季青年运动会冠军、全国花样滑冰锦标赛亚军；
学员曾屡次获得 ISI 亚洲花样滑冰邀请赛冠军；
北京 LECOOL 国贸溜冰场高级教练。

花样滑冰，给孩子对抗挫折的能力

有一次，我的同事带着 5 岁的孩子去旅行，回来后和我诉苦："我带孩子出去七天，孩子摔了两大跤。第一次是在餐厅，地板上有一点点水，哧溜一下就滑倒了。第二次在平地上就突然摔倒了，摔倒的时候旁边还有张矮桌，嘴巴正好撞到桌角上，流了好多血，四五天才消肿。我是又心疼又生气，这孩子平衡协调能力也太差了。"另外一个同事接过话茬儿："现在孩子大都是老人带，跑跳运动的机会肯定少。幼儿园的场地又有限，每天到室外做 20 分钟操就算户外活动了，肢体协调本能都要退化了。"

都市里，许多孩子都因为养育环境、安全因素等被限制了运动发展的时机。那么，有没有一项运动可以弥补这个缺失的呢？

常爸：孩子多大开始学花样滑冰比较合适，需要有什么基础吗？

张志强：4~5 岁开始比较合适，不需要有什么基础。现在的孩子几乎都待在家里，活动空间相对小，大多身体不协调，所以从小学习滑冰，是有好处的。

为什么说 4~5 岁开始合适呢？ 3 岁的孩子大多还离不开妈妈，单独在冰场学习会焦虑，会哭，如果强迫他学，会让他对这个项目失去兴趣。到了 4~5 岁，孩子的逻辑思维发展起来了，有学习的能力了，教练教的动作要领，也都能听懂了。再者，和其他同龄的孩子一起学，觉得是在一起玩儿，很有意思。

常爸：4~5 岁的孩子，滑冰对于踝关节会有伤害吗？

张志强：不会。因为滑冰在启蒙学习阶段，娱乐性多一些，教练教的动作都是基础的，比较简单。如果孩子要进行专业的训练，那就要等到 8~9 岁以后了。高强度的训练，对孩子可能会有一定的影响，如果只是业余学习，有护具、头盔的保护，一般不会造成伤害。

常爸：花样滑冰在启蒙阶段教授的过程是什么样的，一开始学什么，再学什么？
张志强:现在花样滑冰分为业余和专业两个部分。业余是ISI，是一种大众的滑冰，所有的小朋友、成人都可以参与。它有一个教程，分为初级、中级、高级。ISU就是专业花样滑冰，花样滑冰运动员经过专业系统的训练，会去参加国内外大型花样滑冰比赛。

ISI初级一般针对没有接触过滑冰的小朋友，等到他在冰上滑得很流畅了，也掌握了前滑、后滑、停冰，在冰场上躲人等技能。家长就可以放心地让孩子在冰上自由的玩耍。

常爸：学多长时间能够达到初级的程度？
张志强:我们一次课时是30分钟，经过五次课时的学习，再加上五次课时的练习，一般4~5岁的小朋友，上过十次课后基本就能掌握了，在冰上也可以顺畅地滑行。

常爸：中级水平是个什么概念呢？
张志强：中级就是在冰上能做简单的跳跃、旋转，而且这种跳跃是一周跳，在冰上能转体一周。

常爸：腾空转体一周？
张志强:有五种一周跳，一共是五种腾空的动作，就是一般的旋转、带花式的旋转。

常爸：那高级水平呢？
张志强：高级就是能转体两周、三周，而且可以参加国内一些大型的比赛了。

常爸：如果每周训练两个小时，多长时间能够达到中级水平？
张志强：可能需要两年左右的时间，这要看孩子的悟性。因为体育这个东西最重要的就是悟性和缘分。一百个孩子来学滑冰，经过一两年的冰上练习，最后可能只剩十几个孩子还在继续。离开的孩子，基本上是学会滑了，想滑的时候就来冰场滑滑。剩下的这十几个孩子，就要往更深的层次发展了，尽管不一定能走到金字塔尖，但是会对滑冰这个行业有更深入的学习和理解。或许孩子长大以后也会去做教练，这对他们来说已经是一门技能了。

常爸：学会滑冰了，一辈子也不会忘掉吧？

张志强：对呀，就像骑单车，学会骑了，一生都不会忘，还能把它当作一种娱乐或交通工具。要是非常喜欢，就会继续学，等学得更专业，也有可能成为专业的赛车手。

常爸：学花样滑冰之前需要孩子有舞蹈基础吗？

张志强：可以先练滑冰，但是滑到一年左右，就需要融合进舞蹈，像芭蕾的学习就非常重要。花样滑冰是一种比较高雅，对体能要求也极强的运动。它融合的东西太多了，有音乐、舞蹈、身体素质、协调性、体能、气质，而且到后期比较高水平的阶段，还需要心理素质的培养。

舞蹈是花样滑冰中必不可少的一项。因为同样的动作，有过舞蹈基础的运动员做出来会更加优美、流畅。像咱们熟悉的一些花样滑冰选手，普鲁申科、金妍儿都有舞蹈基础。金妍儿的舞蹈造诣甚至比一些专业舞蹈演员都要好。

但是，这并不是说要先学舞蹈、后学滑冰。滑冰是首要的，因为舞蹈容易把孩子的形体练软，而滑冰则对孩子的体能、爆发力等要求更强一些。有时候孩子舞蹈练得腿软，身段也软，那么在滑冰当中的显著表现就是弹跳力不强，这样反而会有副作用。

常爸：花样滑冰这项运动，更适合男孩还是女孩？

张志强：这么说吧，女孩一般情况下都是练花样滑冰，感觉比较美，而且在4~5岁的时候,表现要好一些。因为她的协调性、领会能力比男孩子好。但是等到后期，男孩提高得更快，10岁以后，如果男孩坚持练习，出成绩比例会更高，而且运动寿命也长。

女孩在18岁以后，因为身体条件的限制，就开始走下坡路了。而男孩此时正是力量最好的时候，而且运动生命比女孩要长很多，不只是花样滑冰，所有的运动都是这样。但是由于男孩先天的协调性不如女孩，要想更加优秀、出成绩，就要付出更多，每学一个动作，做一个动作，都要在冰上摔很多跤。

常爸：就目前而言，学花样滑冰的，男孩多还是女孩多？

张志强：女孩多，男孩学冰球的多一些。但是在地方队，专业ISU这块，男孩要多一些，而且成绩也要比女孩好一些。

常爸：现在家长送孩子来学，一般是出于什么目的？

张志强：现在国内的花样滑冰很受重视，而且是一项高雅、时尚的运动。其次是因为能提高孩子的协调性、平衡感，对孩子的发育有好处，可以增强孩子的身体素质。而且很重要的一点，是因为北京申报冬奥会成功后，国民掀起了一股冰雪热潮，学会滑冰以后，滑雪之类的自然就会了。

常爸：有些爸妈会让孩子先学轮滑，觉得轮滑学会了滑冰自然也容易学了。

张志强：确实，如果孩子学过轮滑，滑冰就比较容易，但是动作还不是很正规。因为轮滑的动作跟滑冰的动作还是有差距的。花样滑冰要求挺胸、抬头，轮滑可能老师带他们学的时候，会让孩子们哈着点腰，确保安全。孩子们学的时候养成的习惯，改起来就比较难了。所以先学轮滑也没关系，但是学的时间长了，再来学花滑，要想滑得很美就有点难度了，主要还是矫正姿态的问题。

常爸：花样滑冰是不是比较容易受伤？应该怎么规避呢？

张志强：咱们在初学阶段，有专门教孩子正确摔倒、起立的课程内容，例如向后摔要注意什么，向前摔要注意什么。包括手的姿势，还有摔倒的姿势，都要反复练习。

其次，必须戴护具，护膝、护手。护手就是五指手套，孩子摔倒后，为了避免被其他小朋友的冰刀踩伤。另外还有头盔，7 岁以下的孩子必须戴头盔。有了以上的保障，加上教练的正确指导，一般情况下，孩子在冰上不会出现太大的意外伤害。

常爸：花样滑冰这项运动，对孩子的身心发育会有怎样的影响和塑造？

张志强：前面我就说过，现在城市里的孩子运动、锻炼的机会太少，所以感统失调比例很大。学滑冰，是非常好的平衡感和协调性的练习。其次，就是孩子的大脑也会得到锻炼。通俗地说，孩子会越来越聪明。为什么这样说？跟着教练学习动作，首先要理解动作，然后再把动作做出来。模仿、分析、感悟、纠错、完成，这一系列的过程都需要孩子自己的头脑来运作，并且去指挥肢体完成。

另外，就是我教课这么多年，感觉学习花样滑冰对孩子的意志品质方面是一种特别好的锻炼。孩子成功完成一个动作，需要付出很多的汗水和辛苦，尤其是到了中级以后，如果在练习时受了伤，等伤好了还要继续练这个动作，这需要很大的勇气。孩子一旦掌握了这个动作以后，会觉得自己很强大，很自信。现在的孩子娇生惯养的太多，太需要这方面的锻炼了。

常爸：对于爸爸妈妈来说，该怎样选择教练呢？

张志强：要看教练对孩子的耐心程度，冰上教学经验是否丰富，这很重要，还有教练个人的运动成绩等等。我觉得更关键的是要针对孩子的特点来选择教练，如果只是为了培养兴趣爱好，就找个相对温柔的女教练，带孩子多玩一玩，这样他的兴趣会更大一些。如果孩子相对调皮，或者以后期待走更专业的路线，那么找个严厉一些的教练是必要的。

常爸：您鼓励孩子参加比赛吗?

张志强:比赛是孩子展示的机会，对孩子是一种锻炼。参加一次比赛，要比上一年、半年的课都管用。因为孩子通过比赛，可以找到自己的不足，也会获得更多自信。

常爸：但是万一孩子比赛成绩不理想，会不会打击他的自信心?

张志强：有这种可能。但是孩子的天性，大多是积极向上的，我们不要小看孩子的抗挫能力。看到别的小朋友拿着奖牌，他会不甘心，会更加鼓励自己。而且我们作为教练是要鼓励孩子，只要能把老师教授的东西完美展示出来就可以，并不是必须要拿到名次。如果这次没发挥好，那今后就要更加努力去练习，对孩子来说也是正向的激励。

常爸：谢谢张教练。

张志强：不客气，希望更多的孩子都参与到花样滑冰的运动中来。

高桥明芳、高桥佳利

多次获得 ISI 亚洲花样滑冰邀请赛冠军；
连续参加 2012 年、2013 年、2014 年、2015 年北京亚洲滑冰邀请赛，并获得优异的成绩。

冰上姐妹花

明芳和佳利是姐妹俩，也是花样滑冰场上的姐妹花。

最早是姐姐明芳先开始学习花样滑冰的。为了能锻炼孩子的体魄，父母给明芳选了两个项目，游泳和花样滑冰。尝试之后，明芳选择了花样滑冰，这一选，这条路就走了十几年。花样滑冰看着很优美，但训练起来特别苦。为了练习冰上的转身、跳跃，不摔跤是不可能的。有段时间，训练完回家，明芳从腰部到小腿，半边都是青的。陪同上课的爸爸，常常会心软，不忍心看孩子一遍遍地摔跤，就躲到旁边的书店里，“眼不见为净”。而妈妈就比较笃定，她认为，既然学了，就要吃得了苦，只有经历过“不快乐”的艰苦练习，才会真正感受到这个项目所带来的“快乐”。

后来，妹妹佳利渐渐长大，也到了可以学习的年纪，就跟着姐姐一起学花样滑冰。佳利大约 9 岁的时候，已经达到了中级水平，按照 ISI 俱乐部的教程水平来说已经是比较高的水准了。但这时候，佳利经历了一次意外，她的腿骨折了，不得不暂别滑冰，这段时间姐姐明芳进步非常大，而且很坚持。教练说：“佳利比明芳身体条件要好，更有天赋。明芳那时候比较胖，做动作比较沉，但是她有毅力，也挺让我感动的。只要有表演的机会，我都让她上，她正从一个候场时会紧张得全身发抖的女孩，慢慢成长为一名很出色的花样滑冰选手，并且获得了‘北京 ISI 亚洲花样滑冰邀请赛’花式四级第一名的成绩。”

后来佳利腿伤好了以后，也向教练表示过不敢滑了，但当佳利看到姐姐完美的表演并拿到优异的成绩后，她又动心了。短短一个月的时间，佳利就重拾了两年前学的要领和技巧，半年多之后还超过了姐姐，而且在速度、动作的美感、跳跃的高度等方面都表现得很好，越来越像专业的花样滑冰运动员了。

现在，姐妹俩都被加拿大的花样滑冰教练看中了，正在加拿大上学，并且仍在学习花样滑冰。姐妹俩的自理能力、自控能力都很强，完全不用父母操心。

张 哲

毕业于北京体育大学，八岁习武至今已有 23 年。
国家级运动员、裁判员，曾多次获得大型武术及跆拳道比赛冠军；
游龙道教育创始人，从事青少年教育 10 年。

正确解读孩子的攻击力

男孩超级好动，时不时就想和谁来场“决斗”游戏，哼哼哈哈的样子，让人怀疑他们身体里是不是住着一个“李小龙”！

男孩活泼好动是正常的，身边好多朋友都选择把孩子送去练跆拳道，有的为了让孩子有地儿撒欢，有的为了让孩子学会防身，也有的是想让孩子考个级，穿上服装系上段带很威风……总之理由五花八门。但关于跆拳道，家长也有很多疑问。比如，孩子学跆拳道会不会有暴力倾向？学跆拳道容易受伤吗？女孩子适不适合学呢？

常爸：现在学习跆拳道的孩子越来越多了，很流行，为什么？

张哲：我认为它流行的原因有三点：一是它的着装，整齐划一，穿着很精神；二是它的套路相对简单，学起来清晰容易掌握；三是它的流程很规范，而且有晋级模式。很多家长反映，武术和跆拳道相比，孩子对跆拳道的兴趣更大，因为它更直观。

常爸：您详细说说跆拳道和武术的区别？为什么武术没有跆拳道普及？

张哲：跆拳道和武术最大的区别在于训练方式、训练周期等方面的不同。跆拳道的动作比较简练，每个阶段学习内容明确，训练周期短，孩子接受起来比较容易。而武术，前期基本动作较多，后期从步法、手法到整套拳法就更为复杂，而且因为分支众多，训练周期比较长，短期内进步效果不明显。

武术有晋级的模式，但在着装上没有明确表现。而跆拳道的晋级模式，每一个阶段都有腰带颜色的变化，家长很直观地知道孩子学会了什么。武术因为没有服装上的变化，不直观，所以传播起来没有跆拳道普及。其实它们本质上没有太大区别，都属于一种技击性的格斗项目，攻击和防守。最大的区别是跆拳道以腿法为主，基本上没有手上的动作，而武术讲究手脚并用，所以每一个配合的环节上就会比较复杂。

常爸：但是孩子需要的是全身的协调，这样看来，武术是否比跆拳道更合适？
张哲：这是一个误区，只有更出色的人，没有更出色的项目。任何一个项目都需要全身的配合，比如说腿法，不只是用腿，其实肩、胯、腰都要去配合这一个动作。

常爸：男孩子学跆拳道的会多一些，可是男孩儿本来就够调皮的了，再学这种拳脚的东西，会不会更有破坏性？
张哲：其实孩子天性都是好动的。很多人没有学跆拳道，一样在攻击别人，这跟你学什么没有直接的关系。在课堂上，我们会规范孩子的行为，会让他慢慢养成自我控制的习惯。我们教育的初衷是锻炼身体、保护自己、保护他人。如果孩子本身就有攻击性，再加上错误的教导方式，的确会产生极个别的案例。但是不能一棒子打死，非要说跆拳道容易让孩子变得有攻击性。

教学的过程中，我们会引导孩子不去主动攻击别人，同时也会告诉他们受到威胁时，应该怎么做。我们培养的是一种意识行为，让孩子面对危险时学会躲闪、躲避，而不是傻傻地站在那里。

常爸：确实，有一部分家长让孩子学习跆拳道就是为了不受欺负。可是发现学完了，孩子好像还是不会还击，还是受欺负。
张哲：我不知道您说的这类的孩子学了多久？每周的训练频率是怎么样的？很有可能这个孩子的学习还没有到达实战对抗的程度。不管孩子学的是哪个项目，都是从基本学起，最后才会学到实战对抗。

两个孩子在打实战对抗的时候，互相追逐，攻击、防守，在老师的指导下，他们才会达到一个攻守平衡。重复练习的效果在于，我们在遇到突发情况的时候，不是靠脑袋去想，而是靠身体做反应。比如一拳打到你的面前时，不是要你用脑子去思考如何躲避，而是完全要靠身体机能自然地回避。再比如攻击，用手攻击还是用脚攻击，是一个连环动作，而不是通过大脑去想。当实战对抗达到一定级别，孩子才可以信心十足地做到适当的反应。很多时候家长说学了没用，是因为孩子还没有达到训练量，就要求有显著的效果，这是不科学的，除非有的孩子天生具有反抗的意识。

常爸：那关于训练的频次，怎样才算是比较合适的？

张哲：简单地说，每周一节课就是锻炼身体，两节课加强，三节课算是半业余。

常爸：出于兴趣爱好或者锻炼身体的目的，孩子多大开始学比较合适？

张哲：具体的年龄没有一个固定的划分，大概 4~6 岁开始学比较合适。第一，小的孩子对疼痛的忍受力明显比大的孩子要强。第二，孩子年龄越大柔韧性越固化。比如下一个横叉，如果孩子在 4~5 周岁的时候，一周两次或者三次训练，可能在两三个月之内就完全下去了。但是到 7~8 岁的时候，身体的柔韧度已经开始固化，改变起来就没那么容易了。还有一些潜移默化的东西，比如胆量和习惯。我们鼓励小孩子继续努力，他们会更愿意配合，会有更直观的荣誉感，而年龄大一点的孩子就比较难去调动积极性，因为他们已经有自己的想法了。所以，孩子越小越容易养成习惯。

常爸：男孩和女孩在训练当中有没有较大的区别？

张哲：有，但是在幼童阶段没有。孩子在青春期之前（男孩是 12~14 岁，女孩是 10~12 岁），体能是一样的。青春期发育以后，才开始在体能、身体方面出现不同。

常爸：那练柔韧性会不会影响孩子长个儿？做蹲起会不会阻碍孩子的发育？

张哲：肯定是不会的！从技术动作上来说，跆拳道很多腿法都是过头顶的，必须压柔韧。我们的骨骼是由韧带包裹的，压柔韧是把它压得稍松，不可能影响到孩子骨骼的生长。您看大部分跆拳道运动员的普遍身高就知道了。至于做蹲起，需要训练量的把握和控制，这个对于任何运动都是同理。我们做蹲起是为了增加孩子肌肉的形成，如果训练结束孩子的腿不疼，那一定是量不够，没有达到锻炼效果，但是如果孩子腿疼三天以上，那就是运动过量了，这个度是要掌握的。

常爸：段带的颜色象征着等级，但有些孩子好像实力不太行也晋级了。您怎么看考级的这种现象？

张哲：其实在专业运动员里，是没有带色的，是不考段位的。带色完全是为了增加孩子的兴趣，激发荣誉感，让他们有晋升到下一个阶段的动力。我们用这种方式告诉孩子，这个目标阶段你要学会什么，学会以后就会提升到下一个层次。

有些家长说，我们孩子很弱，但是也晋级了，怀疑这个晋级的公平性和必要性。其实从白带，一直到红黑带之间，一般都会晋级。因为这期间，晋级的目的是鼓励孩子继续学习、继续进步。而到了黑带以后晋级就相对比较难，尤其到黑带后期，孩子会到指定的地方去考试。这个时候就不是培养兴趣了，而是要向专业的方向发展了。

朵　朵

10 岁，6 岁开始学习跆拳道。

2018 年 2 月通过中国跆拳道协会段位四级考试（蓝带）。

我是跆拳道女超人

▼

朵朵开始学习跆拳道是一个非常偶然的机会。6 岁时，朵朵在一家机构学习运动课程，课间休息时，她看到教练在教别的小朋友学习跆拳道，看到那些小朋友一招一式踢靶练习，朵朵一下子入了迷，前台的老师看到她这么感兴趣，就让她也进去玩了一会儿。这节课结束后朵朵特别开心，于是妈妈就给她报班开始学习跆拳道。

朵朵妈妈说："跆拳道的动作不烦琐，比较容易入门。"除了每周固定上一次课之外，朵朵回家之后还会主动练压腿、下叉、倒立，这些基本动作如果孩子不想练，爸爸妈妈也不会强迫，但也不会全然不管不顾。朵朵妈妈说："当发现孩子练习很辛苦的时候，我们会在孩子身旁为她加油，拼命鼓励她。"

原本很感兴趣的东西经过重复性地练习后，也会渐渐失掉一些兴趣，这是一个正常规律。朵朵能保持三四年的训练绝非一件容易的事情，她之所以能够坚持下去，主要是因为她找到了自己的节奏。同时，张教练对年龄比较小的孩子有着非常丰富的教学经验，知道怎样引导孩子向更好的方向发展。朵朵每完成一个阶段的学习都会受到鼓励，每次的进步都会提升她的自信心，朵朵对自己的要求也越来越高，由此形成了一个正向的循环，孩子自然就对这项运动保持较高的好感度了。

说到这项运动给孩子带来的变化，朵朵妈妈说："首先是孩子的体质增强了。"朵朵小时候身体比较弱，抵抗力很差，经常感冒发烧，但是上了几年跆拳道后，身体明显比原来要好多了，再也不是看上去就弱弱的小女孩了。

进入绿带阶段的学习之后，逐步开始对抗性练习。在这个过程中，朵朵对人体结构也有了更深刻的理解。以前跟她讲怎样保护自己，孩子记不住也理解不了，但是在具象的练习中，孩子能够亲自体验到身体哪些部位比较脆弱，应该怎样防守？用什么方法进行攻击和躲闪。通过训练，掌握了一些防身技巧，反应能力也比一般人更敏捷。

新学期伊始，朵朵已经是一名小学五年级的学生了，跆拳道的训练仍会持续下去。妈妈说，“只要她喜欢，我们会继续支持，至于未来的发展，等孩子长大一些自己决定吧。”不管以后是否从事相关的工作，都希望朵朵能够从跆拳道中获得更多的力量和乐趣！

王桦晨

国家健将级击剑运动员，曾获得全国青年组、成人组个人、团体重剑双料冠军；

现任万国（北京）国际击剑运动中心教练，多名学员曾屡次在全国少年组获得个人、团体重剑双料冠军。

击剑，让孩子更专注更敏锐

在中国，击剑运动相比乒乓球、足球、游泳等运动，大众参与度并不高，但是近几年却越来越热门。我周围就有不少朋友、同事家的孩子在学击剑。追潮流、赶时髦可能是一部分人选择少儿击剑的原因，但是对于已经连续学习了三四年，甚至更久的孩子和家长来说，击剑到底是一项怎样的运动？

常爸：为什么少儿击剑这几年会这么火呢？

王桦晨：以前击剑在国内确实是一个冷门的项目，大家接触很少。但自从 2000 年悉尼奥运会之后，中国男子击剑三剑客被大众熟知，后来在 2008 年北京奥运会上，仲满夺冠，再后来的 2012 年伦敦奥运会，雷声夺冠……击剑在国际大赛上取得了优异的成绩，因此推广也越来越多。还有热播的《爸爸去哪儿 4》里，也有击剑运动员董力的加入，人们对击剑这项运动也越来越熟悉了。

常爸：多大的孩子适合学习击剑？

王桦晨：击剑对年龄没有特别严格的要求，它对身体素质有要求，像思维、经验、环境的适应、观察场上的变化。还有体能也很重要。击剑是一个高年龄化的项目，宝宝四岁半之后就可以练习击剑了，在最初的练习中，我们主要以游戏为引导，让小朋友能喜欢并坚持练习击剑。

常爸：您说的高年龄化是说它的年龄跨度比较大？

王桦晨：对，比如说有幼儿的、青少年的、成人的，甚至老年的。在中国老年人练击剑相对比较少，而在国外七八十岁还有练击剑的，参加的比赛也特别多，规模也特别大。因为在比赛当中，它的规定距离是 14 米，两个选手就在这 14 米中间进行移动。在对抗的过程中，主要是靠反应，瞬间的爆发力和速度，抓住时机的准确性，还有我们常说的专注力。击剑是对身体协调、智力、思维转换等要求都非常高的一个项目。

常爸：具体说说，孩子练习击剑都有哪些好处呢？

王桦晨：击剑是一项可以培养专注力、敏捷思维、协调四肢的运动项目，也是比较安全的持器械对抗性训练。很多家长通过一段时间的观察，会觉得击剑会让小朋友的注意力更加集中，手脚更加协调，反应也更快。在日常的学习和生活当中也就会更灵活，思维更敏捷。

还有，它会让我们的身材变得更高挑，因为击剑不需要大肌肉群的练习，它会让我们的肌肉线条变得更细长，会提升我们的气质。有的家长为了提高小朋友的气质形象，也会选择击剑，而不像以前只有单一的舞蹈可以选择。

通过一些外部宣传，很多家长看到击剑运动员的身材都很好，在国际上也取得了优异的成绩，而且击剑也是一项贵族运动，他们可能觉得时髦又新鲜，所以就来接触一下。入门之后发现这项运动对于专注力、思维反应，身体协调性、形体塑造等都非常有益。有趣的是，通过小朋友的练习，有些家长也一起参与进来学习击剑，我们的亲子学员也不少。

常爸：相关的训练内容都有什么呢？

王桦晨：有体能训练，比如跑步，还有灵敏、协调性的练习。很多小朋友都缺乏锻炼，在四肢运动这些方面很不协调，所以我们会通过一些趣味练习来引导和锻炼他们。比如抢手套练习，就是两个小朋友去抢手套，这其中会有很多假动作，反应当中又有速度，过程当中需要思维一直在变化。还有小靶人练习，我们会放置一些小公仔，让他们去刺不同的小公仔，这是为了锻炼观察能力、反应能力和果断的行动能力。

常爸：刚才您说击剑是一项安全性相对高的运动，但是作为家长，我会觉得它还是有危险性的，因为剑本身就是一种武器啊！小朋友会不会学了击剑，在日常生活中拿着棍棒乱打乱戳，有一些危险的举动？

王桦晨：首先击剑用到的剑头是平面的，不会扎伤人。另外，现在的击剑服保护安全系数非常高，从头到脚全部都有保护，如果装备齐全，是不会有任何危险的。

其次，击剑起源于西班牙，是当时皇室的贵族运动，包含很多礼仪，比如面对对手的时候，必须要向对手敬礼。比赛结束后还要敬礼，并且很友好的跟对方握手，表示这场比赛可以结束了。除了训练、比赛时，其他时间只要面前有人，剑尖全部要朝向地面，不能面向你面前的人，这也是击剑礼仪的一项要求。

我们在教小朋友击剑的技能之前，一定会先教礼仪。会告诉孩子们，剑和使用剑的方法，就是只能在练习和比赛中运用，即使比赛也是点到为止。因此，击剑这项运动不会有很大的暴力性攻击动作，所以说它是相对安全的。

常爸：在教学当中，礼仪指导和贯彻方面有难度吗？

王桦晨：一般来说还好，但确实也会有脾气不好，情绪比较偏激的孩子。这就需要我们耐心去引导。我举个比较极端的例子吧，我现在的一个小学员，他是个有些自闭倾向的孩子。刚来训练的时候，也是我来执教的第一天就遇到了他。他不跟别人交流，只封闭在自己的世界里，爱发脾气爱哭，甚至会拿东西砸旁边的人。那我们就得想办法，给他讲笑话，和他做游戏。慢慢地，他不觉得是在训练、在比赛，开始跟我们亲近。他现在练习击剑已经有三年了，一直在坚持，已经可以跟对手很友好地打比赛，比赛结束后，还会很主动和对手说“谢谢你”。

常爸：击剑分为花剑、佩剑、重剑。小朋友一开始接触哪种比较好呢？

王桦晨：好多家长也会问，孩子可以选择什么剑。我们会先了解孩子的兴趣，然后再考查孩子的身体条件，帮助他来选择更适合的剑种。

6 岁以前的小朋友首先接触的是花剑。因为花剑比较轻，有效面积比较小，就是躯干，前胸后背。孩子小，力量比较弱，练习花剑也容易掌握控制。不过它的战术变化和思维转换会更多一些，因为目标小。

6 岁之后，小朋友的接触面就广了，有重剑和佩剑。佩剑的有效区是从头部、手臂、躯干，腿部为无效区。佩剑要求速度快，灵敏度好，爆发力强。重剑顾名思义，是这三种剑中最重的，而且它的有效区最多，从头部到脚都为有效区，它在打法上变化比较多，面积比较大，刺点更丰富。

常爸：在这种对抗性的运动当中，肯定会有输赢，现在孩子的承受能力和抗挫力还是相对差一些。如果出现这种情况，您会怎么引导？

王桦晨：现在的孩子自尊心都比较强，我们在实战课中小朋友要对打，对打的时候他们也会在意比分输赢。所以在教学中就需要一些方法和技巧。我们会要求赢的小朋友积极地对输的小朋友说：“你今天打得不错，差一点就赢我了。”这样，赢的小朋友不骄傲，而输的一方，通过对手和教练的总结、指导，心里会舒服很多，也能找到自己的不足。

有的孩子比较开朗，听对手这么跟他说，下来会很高兴地跟我说：“教练，我今天虽然输了，但是他跟我说我打得特别棒。”也有些孩子的性格比较内向，或者不自信，我们就会跟他说："你现在是最棒的，因为你正在做一件非常正确和了不起的事情，你要想是什么原因输的，找到了原因你就会更强更棒！"时间久了，他就会更加在意场上刺中动作的标准性和使用动作的连贯性，而不只是比分输赢。

常爸：采访开始的时候您提到，击剑对于孩子的专注力很有帮助。

王桦晨：是的，提高非常快而且效果很明显。因为击剑就是一项对专注力要求非常高的项目。像我们持器械，在训练当中稍不注意，就会被对方攻击到。小朋友在训练中，不自觉地就会紧张起来，因为害怕被对方刺到。所以他就很使劲地去盯住对方的剑，无形之中就会使注意力高度集中。

我们在训练中还加入了一些环节，主要是锻炼孩子的专注力。比如有这样一个环节，有一方小朋友练习动作，另一方小朋友扮演教练的角色，指导这个动作，做完之后小教练要说出这个被指导的小朋友的优点和缺点。如此，小朋友就会对自己有要求，因为其他小朋友能说那么多，我如果不认真，说不出来就不好了。所以，每个孩子都会非常专注地带领其他小朋友一起练习。

在实战当中，我们也会要求小朋友记住，他进攻你多少剑，你进攻他多少剑，所以必须要全神贯注地去做练习，要不然就记不住，这些都是在锻炼孩子们的专注力。我也听过好多家长说，通过两三个月的练习击剑，孩子能坐得住了，做事情也专注了。

常爸：其实现在很多家长在给孩子选兴趣班时，会有一个考量的因素，就是对孩子以后的升学甚至国外考学是否有帮助？能起到多大的作用？

王桦晨：现在国内的一些小学会有击剑校队，在校队取得一定的成绩，会在升学的时候有帮助。在国外上学，有的国家和院校对击剑特别重视，如果击剑成绩特别好，学校更愿意让这种特长生进入大学，这是一个锦上添花的事情。

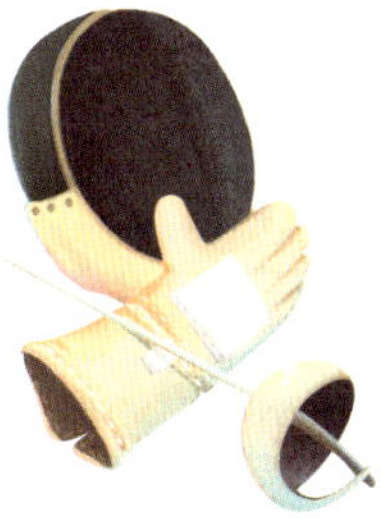

张　淞

18 岁，学习击剑运动 10 年，国家一级运动员。

2016 年，获得全国少年击剑赛暨全国儿童击剑赛男子重剑 U16 团体第三名；

2017 年，获得北京市青少年锦标赛击剑比赛男子重剑甲组个人第三名。

寻找优势，让它成为孩子的幸运之剑

初见张淞，就被他阳光、高大的外表所吸引，瞬间理解了张淞妈妈所说的“击剑能让孩子变得挺拔”的意义。再看看他的击剑比赛履历，在各种冠军赛、锦标赛、俱乐部联赛中斩获奖项，2017 年还获得了北京市业余体校击剑冠军个人赛的冠军。用“才貌双全”来形容这个大男孩真是不为过！

说起他刚开始学习击剑的起因，张淞妈妈说纯属偶然。当时妈妈有个朋友的孩子在学习击剑，推荐带张淞去试试，这一试，没想到张淞就喜欢上了，当时妈妈没有犹豫，立刻缴费报了班，从那以后张淞就风雨无阻地走上了击剑之路。

世上没有绝对的偶然，有的只是未曾被注意的必然。与张淞妈妈聊孩子学习击剑的经历，我发现张淞之所以能够在这项运动上有所成就其实是一个必然的结果，因为张淞在运动方面的优势非常突出。

张淞从小就有运动天赋，高中一直是学校篮球队队长，篮球的专项训练和体能训练都是持续的。现在身高近一米九，多年来体能训练的积累，让张淞在学习击剑时优势更大。

妈妈说：“张淞在击剑馆内、击剑俱乐部和国内联赛打过很多场比赛，遇到的选手的专业技能基本都已经炉火纯青了，到最后拼的其实就是体能和经验，而在这方面，张淞持续的体能训练占了很大的优势。”

除了运动方面的突出优势，家长和孩子的坚持也至关重要。张淞妈妈的工作非常忙碌而且经常出差，但是不管多忙多累，出差到哪里，她总会在周五晚上赶回来，周六准时带孩子去击剑馆训练。她解释说，“孩子运动兴趣的坚持，有一半在于家长，孩子的天性是爱玩、耐心不足，所以习惯性地想偷懒，如果家长又找各种理由不坚持送孩子，那很容易就中断了。之前推荐张淞去试课的朋友的孩子就是这样没能坚持下来。”

张凇的坚持首先来源于对这项运动的喜爱，其次是因为和击剑队的小伙伴建立了深厚的感情。这些小伙伴很多都是从八九岁开始就和张凇一起训练，他们经常一起结伴出去打比赛，即使是放假期间，也会相约一起玩和训练，他们因为击剑结识的友谊和感情要比学校中同学之间的感情深厚得多。所以张凇很期待每周与小伙伴一起训练、交流，这也是他能够坚持下去的一个很重要的动力。

张凇妈妈认为，击剑对孩子的培养是全方位的。击剑的训练不仅可以调节孩子学业中紧张的神经，而且能让孩子更加专注、多角度思考，对学校学习有正向的作用。张凇的校内学习成绩一直都处于中等偏上的水平，2018 年北体大一共招收了 6 名特招体育生，张凇的文化课排名第一。

学习击剑也让张凇养成了遇事冷静、沉稳应对的做事方法。张凇小时候性格比较急躁，刚开始输了比赛会很生气、掉眼泪，甚至摔剑发泄，但多年的训练让他变得沉稳成熟了很多，在赛场上，他学会了冷静面对不利局面，灵活运用技巧应对对手，赛后即使输了比赛，也会聚焦在比赛过程中技能的运用，会思考问题出在哪里，和小伙伴们讨论应当出什么样的招数。长期的训练培养了张凇处事不惊，不骄不躁的好习惯，让他更会分析问题、解决问题。

目前张凇已经进入专业体育高校进行学习，击剑作为他的专项特长也在持续训练中，相信他会在这个领域创造更多的好成绩！

闫雨来

马术教练国际一级，从事马术运动 20 多年；
擅长速度赛马、西部马术、马场马术及场地障碍；
1998 年获得国家一级运动员速度赛资格，2002 年获得西部绕桶赛冠军等。

马术，让孩子理解平等沟通的艺术

马术，曾经和高尔夫一起被称为贵族运动，如今渐渐开始普及到少儿运动培训项目中来。马术除了是人们惯有印象里家庭经济和品质地位的象征，对于孩子来说究竟有什么样的意义和裨益？

常爸：现在为什么越来越多的家长让孩子学马术呢？

闫雨来：我认为原因有两种，一是社会因素，大家都觉得马术和高尔夫球这两项运动是贵族项目，觉得档次挺高的。但是我认为，这只是一种虚荣的追求。另外一个因素就是国内一些非常喜欢马的人也都成家立业，有了孩子，这些大人当初应该是没有机会正规的学习，而现在国内也有马术训练了，所以他们想培养自己的孩子学习马术。

常爸：马术的起源是什么？

闫雨来：咱们人类从驭马开始，最早是农耕，然后是役用（军队用于打仗）。马术就是从军队开始的。在欧洲，不打仗的时候，士兵们闲暇时互相切磋一下，看看谁的骑术更高，渐渐就形成了马术。其实马术的发展，几乎都跟战争有关。

常爸：咱们国内的少儿马术学习是从什么时候开始兴起的？

闫雨来：也就是最近几年，2013 年、2014 年左右。

常爸：小孩多大开始学习马术比较合适？

闫雨来：其实没有一个准确的年龄限定。我觉得跟经济基础有关系，如果家长觉得自己的经济条件还不错，那么越早让孩子接触马越好。

常爸：早到什么时候，2~3 岁吗？

闫雨来：对，2~3 岁可以。

常爸：可是这个时期的孩子自己还坐不稳呢，怎么能驾驭马呢？

闫雨来：最初不需要去骑，只要让孩子跟马在一起玩儿就可以。像孩子会走路了，就可以牵着马，去喂喂马，抱抱马，这样他从小就对马没有畏惧，觉得就是跟他一起的玩伴。如果有条件，这种培养方式是最好的。在孩子 2~3 岁时，就可以买一匹小马，让他从小开始喂养，陪孩子一起长大。

学骑马，我建议最好是在孩子 5~6 岁的时候，身高差不多在一米一以上。为什么呢？因为马术这项运动，小孩必须具备逻辑思维，5~6 岁的孩子已经能明白别人说的话了，而且也会有意识地管控自己去做什么。

常爸：您提到买马，学习马术需要买一匹马吗？

闫雨来：如果有这个条件，当然最好了。像入门级，五六万，七八万这个价格的马基本上就可以，用于孩子训练或者参加一些小比赛。平时可以托管在马场，像饲养、调教、训练，马场都会负责，一般情况下一个月费用大概五千左右。如果没有买马的打算，用马场的马学习也没有问题。

常爸：刚才我去马房参观了，马都很漂亮啊！但是对于孩子来说，我觉得还是有点高，我自己都有点恐惧。孩子从小矮马开始骑是不是更安全一些呢？

闫雨来：大人可能对一些事情会更恐惧一些，很多孩子害怕，都是因为大人灌输的，说："哎哟，不行，它踢你，离远点儿。"但是孩子对动物是有一种天生的渴望与亲近，这是很可贵的，大人别轻易去破坏它。

大家可能会觉得个子小的马更安全。实际上，所有的动物都一样，越小的越灵活，像老鼠、猫、狗，而马、牛、大象，越大的反应越迟钝一些。年龄小、体型小的马更敏感，反应更快，所以才更不安全。我们选大马时，要选那些性格温顺，调教成熟、稳定的马，这样的马用于孩子的学习更合适。

常爸：孩子学马术，有哪些好处呢？

闫雨来：骑马主要锻炼的是孩子的胆量。马从重量上来说要比孩子大十几倍，甚至几十倍。一般的马从地面到马肩，高度是一米六左右，长度在三米左右。如果孩子不勇敢，没胆量，肯定不敢跟这么大的动物接触，更别说指挥这么大的动物了。所以他要有自信，必须认为自己能够征服这匹马，能够控制住它。

再者，就是懂得真诚、平等的沟通。人和马之间的沟通不会像我们普通的说话交流，而是要靠肢体语言，靠感觉。现在成人之间的交往掺杂着很多虚伪的成分。而大人和孩子的沟通，可能会居高临下，或者总是认为自己是对的，不断地想告诉孩子应该这样做，应该那样做。但是和马接触就不同了，马不会骗人，你信任它，它就信任你、忠诚于你。而且人和马之间是平等的、合作的，谁对谁都不是命令和被命令的关系。

另外，学习马术还可以培养孩子的毅力。万事都不可能是一帆风顺的，更别说和这么大的动物打交道，你想把它训练到完全听你指挥，可能要经过无数次的磨难。在训练的过程中，要经历一次次的失败，在失败中寻找方法和经验，坚持不懈，最终与马达成高度的默契。这对培养孩子的毅力是非常有帮助的。

还有，学习马术能发展孩子的逻辑思维能力，因为孩子要去思考和衡量，这匹马在想什么，它能不能做到。

最后，就是培养孩子的爱心和责任心。如果孩子真的喜欢马，除了马术学习以外，还会经常喂马，给马刷洗，增进交流。

以上的这些能力，就是孩子情商的一个综合体现。因此，也可以说马术是提升孩子情商的一项运动。

常爸：您说刚才说到跟马沟通，是有一些相关的术语吗？

闫雨来：没有，不是要通过语言或声音，是要用肢体语言。我们就是在教孩子了解并运用这些肢体语言来控制马，更深入一些后，就可以用思想，用意识。

常爸：用意识？这么神奇？

闫雨来：这么说吧，我们拿吃饭举例，您很小的时候不会用筷子吃饭，等到大一些，会学习用筷子，等到再大一些，这项技能似乎就是一种与生俱来的本能。那现在，您在吃饭前，还会先拿着筷子观察半天，再找到菜，再找到嘴，去往嘴里送吗？当然不会，因为这一系列动作早已成为您的下意识动作了。人是这样，马也是这样。经过一定时间的训练、配合，真的可以做到人马合一、形神合一。只要稍微给马一个暗示，它就能领会，几乎在同时，动作就完成了。

常爸：那马术的课程通常会怎么安排？

闫雨来：我们会从培养孩子的兴趣开始，先带他们到马房看看，喂喂马，抚摸、接近。当我们备鞍的时候也会要求孩子在边上观看。

从马房出来，我们一般都教孩子自己牵马。然后是上马，先教授一些简单的动作，教练会牵着马，教孩子走、停、转弯这些控制马的方法。孩子会觉得，原来并没有那么难，很好控制。然后我们再逐渐地增加难度，得先让孩子觉得这个事儿我能干，慢慢兴趣就会越来越高了。

等学会让马做慢步了，下一个阶段就是让马做快步，就是所谓的小颠儿起来，要让孩子稍微适应一下这个节奏。如果孩子能在上面坐稳了，平衡感就有了，那么就会要求孩子在马背上做一个站起来和坐下去的动作。

当这些都做好了，我们会教孩子如何控制马，再教控缰。在这之前，教练是有一根绳子来指挥马的，到最后，孩子们都能做好时，我们就会把绳子松开，让孩子自己指挥这匹马。

常爸：达到这种程度，大概需要多长时间的学习？

闫雨来：因人而异，基本上十节课之内可以达到这种程度。我们的肌肉记忆是 72 个小时，所以初期学的时候我建议每周至少上两次课，保证最好的效果。每次课的时间是在马背上 45 分钟，就是我们说的“一背时”。

常爸：孩子学会快跑和控缰之后，是不是要学一些更高难度的，比如跨越障碍？

闫雨来：小孩子跨越障碍就是地杆和 60 厘米障碍。60 厘米已经很高了，一般这个级别都是 12 岁以上的孩子要学的。成人的马术比赛分为英式和西部两种。英式的场地障碍，盛装舞步、马场马术。西部的绕桶、穿桩、牧场工作马术、REINING（西部驭马术赛），就是可以让马急停、急转。

常爸：英式和西部这两种对于孩子学习马术来说有什么分别吗？

闫雨来：我认为是这样，您要想让孩子简单学一学、锻炼身心，西部的比较简单。为什么呢？从鞍子来说，西部鞍子的构造，是前面有一个桩头，后面有挡头，很宽大，比较安全，所以我建议开始学西部。

如果准备将来让孩子往专业马术方面发展，那么从英式开始学最好。它们的区别在哪儿呢？咱们拿英国人和美国牛仔做比较，英国人西装革履、绅士风度，更优雅；美式牛仔不拘小节，更豪放一些。

常爸：这项运动更适合男孩还是女孩？

闫雨来：我觉得对性别没什么要求，对男孩、女孩都有好处。不过很有意思的是，现在我的学员里女孩偏多。

常爸：为什么？

闫雨来：我还真想过这个问题，现在好像女孩们都更外向了，男孩们反而变得腼腆了。我看到很多男孩抱着手机玩游戏，而女孩子却在外面做运动。事实真是这样，我现在的女孩学员里，除了学马术的，还有的同时学舞蹈、跆拳道、羽毛球等等。男孩子的比例连一半都不到。

骑马这项运动更中性。一般男孩做事喜欢靠力量征服。女孩子更多是婉约、撒娇。但是骑马，如果纯粹靠力气蛮干肯定是不行的。马比人的力量最少大十倍，无论怎么对抗都是输的。那要是想通过对马撒娇、耍赖、死磨硬泡来驯服它，更是行不通。

马术比赛也是这样，比赛不分男女，而且马不分公母，公马母马都能在战场上驰骋作战。所以，我认为这项运动更中性。男孩女孩，男人女人，都适合骑马。对男孩子而言，它会让你知道，不是靠蛮力就能征服一切。对女孩子来说，撒娇、拖延、耍赖根本不起作用。

常爸：马术可能是一项比较危险的运动，该如何规避呢？

闫雨来：首先要了解马的性格。马是不会主动攻击人的，但它的自我防御能力比较强，它预感到危险就会做出反应。所以，接近它的时候，我们要让孩子动作慢一点儿，跟它说说话，告诉它你是安全的。

马的眼睛是 360 度，也就是说你站在马的任何一个位置，除了它的正后方，它都能看得见。马的屁股后边是坚决不让人去的，因为它的眼睛看不见，它会更警惕那个位置，而且马攻击的主要方法就是用后腿踢。

马的听觉、嗅觉都非常敏感，在马背上不要大声喧哗，孩子可能因为害怕紧张而尖叫，这会让马比他更紧张、更害怕。

马的视觉是放大的，一个小的物体在它眼里就是大的，尤其对飞行的、飘浮的东西特别敏感。所以我们骑马的时候，穿的衣服尽量要贴身，千万不要穿裙子和系围巾，一定要戴护具，像头盔、护甲、马靴。鞋子尤其要注意，一定要穿没有系带、有后跟的鞋，最好是专用马靴。为什么呢？落马最危险的是人下来了，脚还挂在上面，被马拖着走。因为脚镫是平的，如果有后跟的话，我们的后跟会卡在那儿，脚就不会再往里滑了。没有系带的鞋，脚就容易从鞋里脱出来不至于把脚挂在上面。所以，穿戴专用马靴非常必要。

最后一点就是，一定要服从教练的指挥。教练更有经验，更知道马的状态，尤其对于初学的小学员。

常爸：马术教练应该怎么选？

闫雨来：现在的俱乐部里，教练都分级别，有初级、中级、高级，这是我们行业内的一个资格认证。高级教练，最起码要能够带着他的团队，去参加那些国内级别的障碍赛。中级的一般情况都属于自己还在比赛，尽管有能力去教学，但是一般还都在比赛中。初级的都是那些学了一两年，有的可能时间更少的学者。我们知道，现在是商业社会，大家都在忙着挣钱，一般初级教练学个一两年、两三年就出来教学的也很多。

我觉得，家长不要认为孩子就是简单的学一学，找个初级教练就行了。其实是这样，您付出的学费，比如初级的可能一百，中高级的三五百。但事实上，跟初级的学五节课的技能，到中级的一节课就完成了，高级的可能半节课就把问题解决了。因为小孩子的理解能力和各项能力都还不足，教练的水平越高，骑术和教学经验越丰富，越适合教孩子，安全系数也越高。

常爸：您建议孩子参加马术比赛吗？咱们国内有吗？

闫雨来：国内现在刚开始有一些了，因为现在的孩子学马术的越来越多了，也会举办一些马术比赛。12 岁以下的选手主要以锻炼逻辑思维为主，有低杆赛。我们会把地杆摆出各种各样的路线，让孩子围着这个路线走。12 岁以上的会有 40 厘米、50 厘米、60 厘米不等的交叉杆赛，全国的、省市级的比赛都有。

像孩子学钢琴、舞蹈可以考个级，拿个证，对升学有一些用处，但是马术现在还没有这些优势。所以参加一些比赛可以让孩子们有个目标，也可以互相交流。一般学习马术的孩子是真心喜欢这项运动，而且马术给人的感觉是其他所有运动都没有的，它能带给人一种特殊的成就感。

常爸：其他的项目学习也有成就感啊！

闫雨来：这个成就感和那些成就感不一样，其他项目只是在挑战自己。但是，骑马不是自己就能完成的项目，除了人还有马呢，还要能很好地指挥这匹马。像奥运会的项目里，只有马术是人和马配合的。而且马的每一种步伐，给人带来的感觉都是一种享受，特别是跳跃障碍的时候，会有一个非常明显的抛物线，当腾空时的失重感会让人有一种飞翔的感觉。

常爸：这样说来，马术的确有其他运动替代不了的魅力。

闫雨来：是的，马和人是伙伴关系，我们与人合作时，要找一个好搭档很难。但是要找一个马的好搭档不难，只要时间足够，并且给予充分的信任，就一定能培养出来。任何一匹马都可以。比如跳跃障碍，如果我的马是一米四级别，它偶尔能跳到一米五，甚至一米六，如果你想再高点，只要你让它上，它信任你，它还会再上。即便它没过去，把杆踢倒了，如果下次你再让它上，它还敢上，这就是马的忠诚度。马会流眼泪，而且它真的会因为失败了而伤心地流眼泪。

另外，马的智商相当于 3~4 岁的孩子，所以我觉得能把马骑好的人，都适合做教育，特别是父母（能很好地和孩子交流）。而且马术行业没有止境，永远学不到头。我没听说哪一位大师的马术达到了顶峰。越会骑马的人越会说自己还学得不够。

常爸：谢谢闫雨来教练！

苗 苗

11 岁，8 岁开始学习马术。
北京西部巨人马术俱乐部测试赛（第一站）障碍赛第三名。

马背上的小女汉子

▼

“我们本来是不想让她学马术的。”起初苗苗要学马术，苗苗妈妈和爸爸是一致反对的。苗苗 8 岁那年，全家在休假期间看了一场马术表演，苗苗从那时开始喜欢上了马术，并且自己要求学马术。

爸爸妈妈认为骑马太危险，怕宝贝女儿摔下来受伤，所以刚开始都不同意。但是耐不住孩子软磨硬泡，还是报了马术课。实际上，学马术的这两年多，苗苗也的确坠过好几次马，每一次妈妈都吓得不轻，但是苗苗却非常淡定，一般摔下来后，拍拍土又上马继续训练了，对她来说没什么大不了的。妈妈打趣地说：“学了马术后，真是越来越女汉子了。”

这项户外运动训练时非常辛苦。北京的夏天燥热，但是不管气温多高，训练时都要穿上长衣长裤、戴上头盔和护甲，顶着大太阳练，每次结束训练，苗苗的头发就像是用水洗过一般；冬天也一样，不管多冷、风有多大，训练都要在马场按部就班地进行。

“苗苗有没有想过要放弃呢？”我问苗苗妈妈。

“没有，她有自己的目标，所以一直很坚定。”苗苗妈妈说，孩子现在对马术越来越喜欢，也有了自己的“职业规划”。苗苗想做一名专业骑手，如果达不到，她也想要从事和马相关的工作，就是这样的目标一直鼓励着她前进，真是一个有想法并将其付诸行动的孩子！

妈妈说，现在全家都很支持孩子学马术，但是对她将来的发展不设限，只要孩子有能力学得好，他们会尽量支持孩子。不过她也跟孩子强调，享受这项爱好本身才是最重要的。

马术是一项特殊的运动，之所以特殊，是因为运动员不是和一个物品一起并肩战斗。而是要和活生生的、有脾气的马一起参战，除了个人的努力，还有马的表现，所以骑手会影响马，马也同时影响骑手。

苗苗妈妈说："无论是训练还是比赛，苗苗只要到了马背上，就开始和马交流。"有一次，一个认识苗苗的阿姨在场外高声叫苗苗的名字，但是苗苗就跟没听见似的，后来妈妈问苗苗为什么不答应阿姨，苗苗说："我的确什么都没有听到啊。"我们看上去孩子只是骑在马上而已，其实马儿走路、跑步、跨栏，每完成一个动作，都是和马背上的孩子交流的结果。不仅是训练和比赛，下了马背，苗苗也经常和教练一起给马喂料、洗澡，妈妈说，她还会给马带方糖吃！

苗苗爱马，也热爱马术，现在，她每周要上 2~3 节马术课，一点儿也不觉得累。相反，和马一起奔跑让她觉得非常放松。

最后，苗苗妈妈提醒想要孩子学习马术的家长们：第一，孩子一定要从心底喜欢马，愿意接近马，马才会信任孩子；第二，马术参赛花费较大，有可能需要买马寄养，家长需要权衡之后再做决定。

刘坤鹏

捷克C级教练员，国家级运动健将。
1999~2001年全国联赛三连冠；
2008年全国冰球锦标赛冠军；
现任宏奥飞熊俱乐部高级教练。

冰球，耐力和脑力的完美结合

以前问别人家的孩子在练什么运动项目？回答通常是足球、篮球、网球。而现在，总有家长的回答是“冰球”。冰球在美国非常流行，但在国内参与的人相对少。不过，近些年由于中国冬奥申办成功，冰球的热度也越来越高，在儿童体育训练项目中也受到家长们的青睐。

常爸：冰球近几年逐渐流行起来，有不少孩子开始学习冰球。但因为相对小众，很多人依然不太了解。您可以简单介绍一下冰球吗？

刘坤鹏：冰球（Ice-Hockey），也叫“冰上曲棍球”，是滑冰运动和曲棍球的结合体，是一项令人感到兴奋的运动，在欧美地区极为流行。

冰球规则就是运动员持冰球杆在冰上滑行并击打，使球入球门，哪方进的球多，哪方就获胜。需要注意的是，15岁以上才允许有正常的肢体接触。所以并不是学了冰球就要在场上撞来撞去。冰球也是冬奥会最重要的比赛项目，它的门票收入占到整个冬奥会的70%以上。

常爸：说到“冲撞”，很多父母会觉得这项运动对孩子来说是否太过激烈了，会有危险。您怎么看？

刘坤鹏：我觉得冰球比赛的激烈反而是它最有意思、最有趣味的地方。比如最大的看点是15岁以上允许身体正常冲撞，北美职业冰球联赛里还有打架的呢。按照规则扔下球杆“约架”那种也很有意思。而且全场观众也很享受这个氛围，相信你只要看过几场冰球比赛，就会爱上它了。

从孩子的角度来说，冰球运动看似很“危险”，但其实受伤的概率特别小，甚至可以忽略不计。不像足球，有时还容易骨折。这主要归功于护具越来越先进，对孩子的保护很全面。

如果真的看起来很危险，可能家长指的是电视上那种冰球比赛吧。因为对于职业运动员来说，受伤是不可避免的。对孩子们来说，速度和力量都远远没有那么快，也不会有激烈的冲撞。他们个子小，即使摔一跤也不会怎样，立刻就爬起来了。所以，冰球还被誉为几大安全的体育项目之一呢。

常爸：在您看来，孩子们学习冰球会有哪些好处呢？

刘坤鹏：冰球对整个人体机能的锻炼比较全面，可以说是最全面的运动了。你想，冰球需要手脚并用，再加上身体的耐力和脑力，四合一了！而且我刚才说了，冰球需要将自由的滑行和娴熟的曲棍球技术结合到一起，还要有团队协作的技巧，很刺激。从心理上来讲，练冰球的孩子也会更坚强，因为练球的过程中要克服很多困难。

常爸：听上去真的很全面啊！我听说打冰球是非常消耗体力的运动。

刘坤鹏：没错，有人统计过，十五分钟的冰球训练，约等于半小时跳绳，半小时游泳，1500 米跑的组合。因此，练完球孩子们一般都会吃很多东西。

常爸：在您教过的孩子中，您觉得冰球对他们有哪些影响？

刘坤鹏：我觉得冰球对孩子性格方面的影响很大。我教过的孩子中有很多性格内向的，不爱和人交流，和谁都玩不到一起。但是打冰球一两年后，经常要和二十几个队员们在一起玩儿，就变得越来越开朗。而且，很多男孩儿的家长都想让孩子更阳刚，更男子汉一点，冰球正好可以锻炼他们这方面的品质。其实无论男女，只要打比赛，都会越来越有勇气和担当的。

常爸：说到性别，现在女孩有学习冰球的吗？感觉基本都是男孩子在学。

刘坤鹏：也有女孩儿，但男孩儿会多一些。也能看到一个趋势，就是学冰球的女孩儿越来越多了！以前很少有女孩儿玩这项运动，现在基本上每个球队都有 2~3 个女孩儿。而且女孩儿练起来有时候更活泼，我们也有专门的女队。

常爸：打冰球的孩子在身体方面有什么特别要求吗？比如，要块头大一点？强壮一点的？

刘坤鹏：不，并不是看上去瘦的就不行，身体方面没有具体要求。我原来还瘦呢！

常爸：您怎么看待所谓的天赋呢？您更欣赏哪一种孩子呢？

刘坤鹏：不得不说，天赋真的很重要，这不是单纯靠训练就能达到的。一般通过几次训练就能看出来孩子的性格禀赋，有些孩子生下来就适合打冰球。就我个人来说，我比较喜欢在场上凶悍的那种小孩，“坏”的同时也很聪明。

常爸：这种竞技类的比赛，如何引导他们看待输赢呢?
刘坤鹏：孩子们还是很看重结果的，输了会哭，不过这才是孩子嘛。我经常和他们说，“比赛不是最重要的。你看你打冰球后，体力、耐力和速度都得到了提高，你已经学到很多了啊！”得到这种人生的体验，享受过程中的快乐，这才是更重要的。当然，每个孩子的性格和想法都不同，有的孩子就属于越挫越勇型。

常爸：我了解到您这边还有幼儿园的小朋友来训练的，您觉得孩子几岁开始接触比较合适呢？是越早接触越好吗?
刘坤鹏：通常来说，4 岁就可以开始接触了，也就是幼儿园小班，但不要太早。

常爸：那冰球的授课方式是怎样的呢？一对一还是一对多?
刘坤鹏：一支冰球队一般有 20~23 人。就授课方式来说，有大课和小课。大课是团队训练，一个教练带 10 个孩子。小课，一般是一对一或一对二三，依具体情况而定。但冰球最好的方式还是组成一个团队比较好。

常爸：学冰球需要有家长陪吗?
刘坤鹏：不需要，如果有时间可以在外围看，但到比赛了家长都会去看，在看台上比孩子们还疯狂，为孩子们呐喊助威！

常爸：听说你们经常有各种冰球联赛，可以简单介绍一下吗?
刘坤鹏：就拿北京举例吧。北京有北京市的冰球联赛，区级（海淀，西城，朝阳等）联赛，还有校级联赛。北京重点中小学都有自己的冰球队，还经常进行切磋。再就是一些商业比赛，比如俱乐部之间的较量。

常爸：对于学习冰球，还有什么需要考虑的事情吗?
刘坤鹏：我想对家长们说，要做好两个方面的准备。一是费用准备，说实话，打冰球比大部分运动项目的费用都要高，从装备（专业护具）到场地（特定冰球场）都有一定的要求；二是思想准备，冰球是个马拉松式的项目，一般三五年才能出效果，不要急于求成。

章若谷

2018 年，启迪“迎春杯”中小学校际冰球邀请赛个人奖，最佳拼搏奖；

2018 年，北京市海淀区中小学生校际冰球联赛个人奖，最佳拼搏奖；

2018 年，广东青少年冰球邀请赛 U10 组亚军。

一夫当关，万夫莫开

聪聪从小学一年级开始正式学习冰球，因为学校组建校队，他在之前有一些冰上滑行的基础，因此被选拔为校队的队员。

刚进校队时，因为身材比较壮，教练给聪聪安排的位置是前锋或边锋。但是，聪聪一直有一个守门员的梦。和父母一起去看冰球比赛时，他也总跟父母说，他要当守门员。爸爸问他为什么会有这个想法？他说不出原因，就是想当。

在校队学习了一学期后，要进行二次选拔，聪聪瞒着父母偷偷报了守门员。等待测试结果的一个星期里，他一直忧心忡忡，天天担心自己选不上。一周后结果出来了，聪聪选上了。但当时所有的滑行教练都看好他做滑行队员，不舍得他去当守门员。因为，一般都是滑行不太好的学员才会转做守门员。但是聪聪坚持他的初衷，看到孩子如此热爱，聪聪的父母特意请教了几个圈内的知名教练和冰协的朋友，他们给的反馈是，在冬奥会的背景下，政府对冰上运动的支持力度越来越大，中国的冰上运动环境越来越好，守门员也会有很好的发展。

基于这些建议，父母决定用两个月的时间作为缓冲，在此期间聪聪是滑行和守门一并练习，两个月后，结合教练们的意见，再做选择。这也是为了帮助聪聪最终做出一个理性的选择而想到的最好的办法。

在并行练习的两个月内，聪聪很辛苦。与此同时，父母也承担了双倍的经济压力，因为滑行和守门同时练习，费用也是双份的。可喜的是，在此期间，聪聪只上了两节守门员小课，就由初级转为高级。然后很快由俱乐部的 A 队升上 AAA 队。两个月后，根据守门员教练的意见，最终父母还是尊重了聪聪的选择，让他改做守门员。

直到现在，聪聪都不改初衷，深深地爱着他的“守门员”位置。去年开始，聪聪有了自己的偶像，“当守门员的原因”也清晰了，他说：“我要像黄金骑士队的 Marc Ander Fleury 一样，挡在门前，‘一夫当关，万夫莫开’。”

今年暑假，聪聪将参加加拿大的冰球夏令营。加拿大素有“冰球王国”的称号，每所小学的冰球项目都发展得很好。聪聪希望通过这次游学，一是提高技术开阔眼界，二是借此机会走访一些当地的学校，参加当地的训练，为今后出国做准备。

王湘颐
宜和 42 度热瑜伽创始人、宜和主教练。
毕业于美国 Brikram 热瑜伽学院，美国瑜伽联盟注册 E-RYT 培训导师。

儿童瑜伽，把它当作技能教给孩子，那就错了

▼

有一段时间，在网上人们热议“高晓松把女儿培育得气质不俗”这个话题，还晒出了一张孩子练习飞行瑜伽的照片，果然亭亭玉立。不过，这么小的孩子就练瑜伽？为什么要练呢？有什么好处？又该怎么练呢？

常爸：孩子的身体本身就很柔软，韧性很好，有必要学瑜伽吗？

王湘颐：首先，我们要清楚让孩子练习瑜伽的目的是什么？

现在有一些小学生、中学生无端发胖，或者体育很差、协调能力差，其实都是因为他们对自己的身体没有认知，也没有系统地去了解过。包括咱们大人也是，你关注过自己的脚后跟是怎么抬起来的吗？膝盖怎么转？肯定没有。可这是你的身体，你自己的身体都不了解，怎么能让它变得更好？怎么去更好地保护它呢？而当你真正去关注的时候，你对它的认识就会多一点，你的身体也就向健康迈进了一步。

儿童瑜伽的概念跟我们想象的完全不同。传统上人们可能会觉得儿童瑜伽，就是把成人瑜伽的体式简单化后再教给孩子。其实不是。儿童瑜伽的核心理念就是通过故事的串联，让孩子在故事和游戏中去寻找快乐，强身健体，而不是让孩子去做一些所谓的瑜伽体式。

关于儿童瑜伽的课程，我是这样设置的，利用各式各样的道具、故事情节、游戏、音乐等媒介把整个课程串联起来，要让孩子完全进入到故事中，然后通过身体的带动来演绎这些故事。演绎的同时，他们自然就把这些体式都完成了。

常爸：具体的课程是怎么安排的呢？

王湘颐：每个课程的主题都不一样，比如我的第一次课程的主题是世界旅行。所

以我先准备了一个地球仪，让孩子们选择一个他们最想要去的地方。然后再循序渐进地引导，怎么去？乘载什么样的交通工具？比如要坐飞机，就去做飞机的体式。再后来，进入到大森林里，遇到了很多小动物，这就延伸到了动物的体式。再比如深海奇缘的主题，大家在海洋里探险，海里有鱼，我们就做鱼式。还要坐帆船，怎样掌舵，这些都可以演变成很多的体式。

我们还会把很多的体式变成集体体式去做，这样让孩子们有一个团体意识。比如要做分腿下压式。坐在地上，每个人都要把腿分开，像一列火车一样。大家要协调统一去做动作，如果有一个不做，整辆火车就脱节了。

常爸：就是通过主题游戏的方式来带动和完成课程？

王湘颐：是的，给你举个例子吧。我们做瑜伽中的太阳致敬式，就是拜日式。这对于一个孩子来说很难，即使很耐心地教，他会觉得烦透了。

常爸：拜日式是怎么做的呢？

王湘颐：具体动作是，从手臂向上到身体向下，再做进入平板，再上犬式，直接进入下犬式。整个就是这四套体式把它连贯起来成一个拜日式。可这让一个4~5岁的孩子去完成，根本不可能。但是用了我的方法后，他们做两遍就全都会了，而且做得很开心。什么原因呢？因为我把拜日式改造成孩子喜欢的方式，通过一首拜日式的儿歌，带领孩子们完成。

我们知道，小孩子都喜欢吃糖，见到棒棒糖或者棉花糖会特别开心。我就根据这一喜好，创造了一套棉花糖的拜日式练习方式，具体是这样的：

“天空有一个大大的棉花糖”，然后把手伸上去。

“我喜欢把它放在我的身边”，就把它拿到地上来了。

“我要好好地去闻一闻”，就进入到上犬式了。“闻一闻”要把脖子伸起来。

“这个时候远处来了一只小狗狗”，然后就做一个下犬式。

“小狗狗是怎样叫的？”然后学小狗叫，学小狗摇尾巴，最后把腿向前。

“赶快把它藏起来，吃到嘴里，小狗狗就抢不到你的棉花糖了”，整套动作结束。

如果你把棉花糖摆在他们面前，再用这种方式告诉他，他的身体自然会跟着你走。只需要练习两遍，就全会了。这就是一起玩一场瑜伽的游戏。

常爸：你为什么会做儿童瑜伽？是因为女儿吗？

王湘颐：不完全是。其实之前我完全没有这个想法。前年，很多机构包括使馆，想跟我做一些关于孩子的项目，就是Kids Yoga，这在国外还是很流行的。于是，我通过在国外的老师了解到有一个在世界上特别有名的Rainbow Kids Yoga（彩虹儿童瑜伽培训）。它不像我们正常的瑜伽培训，有教材，有统一的教程，它是把儿童瑜伽的核心理念教授给我们之后，要我们自己组建课程。在学习的过程中，我对儿童瑜伽产生了极大的兴趣。于是就慢慢开始学习、研究、开发与儿童瑜伽相关的课程。在这个过程中，我发现儿童瑜伽对孩子的益处真的非常大。

常爸：练习儿童瑜伽具体有什么好处呢?

王湘颐：首先，可以增强孩子身体的协调能力。其次，可以提高孩子的专注力。像我们通过故事、游戏的发展串联，让孩子们专注于这个过程，比如棉花糖拜日式的这套动作，两节课中间隔了两周，当再次上课的时候，他们还能完整地一边说故事一边完成这套动作，说明他们上课时非常专注，并形成了有效的记忆。养成了这样的习惯，对孩子以后的学习、认知都是非常有益的。

还有，就是增强骨骼和肌肉的力量。有人认为瑜伽只能提高身体的柔韧性，这是很片面的。瑜伽是非常需要力量的一个项目。拿我女儿来举例，她 4~5 岁的时候，在学校练吊环，但是没办法独自完成，因为力量不够。后来我带着她练瑜伽的轮式，就是把自己从地上推起来的瑜伽体式，这样可以增强她的臂力、肩力和腰力。通过这样一个训练，她再去做吊环，就做得非常棒了。

常爸：儿童瑜伽适合多大的孩子练呢?

王湘颐：儿童瑜伽是分不同的年龄段的。比如，一个标准的单脚式弓步，3~4 岁的孩子是没有办法完成的，因为他们整个肢体的协调性和力量根本没办法达到。当孩子 5~6 岁时，不用教他，他的弓步自然就完成了。因为人体的骨骼、肌肉会随着年龄的增长而变化。

孩子 2~3 岁的时候，我们会建议和父母在一起做亲子瑜伽的练习。真正的儿童瑜伽从 5 岁开始最合适。此时他已经有了感官意识，理解力开始增强，再加上肌肉和骨骼稍微可以自控，基本就可以开始了。8~9 岁以后，基本上就跟成人瑜伽一样了。

常爸：儿童瑜伽跟儿童舞蹈是不是有些相似?

王湘颐：很多家长让孩子学芭蕾，不是必须让孩子以后成为一名芭蕾舞演员，主要为了塑造一个良好的形体和姿态。那除了芭蕾，瑜伽是完全可以让孩子有一个更灵活的、健康的脊椎，这对男孩儿、女孩儿都适合。而且，练瑜伽还有助于缓解孩子的消化不良。因为瑜伽中有很多动作，从医学的角度来说，就是一个类似于按摩身体、内脏器官的过程，对于消化系统、内分泌系统都非常有益。

常爸：成人瑜伽里面除了肢体方面，还会强调意识、呼吸，这在儿童瑜伽里面有吗？

王湘颐：成人瑜伽我们会做一些呼吸、意识和冥想的练习，但是儿童瑜伽只有一些练习呼吸的方法，其他都不涉及，只是针对孩子的身体方面的练习。

常爸：送孩子来学瑜伽的家长，他们的诉求和目的是什么？

王湘颐：大部分家长都是跟我们一起练瑜伽的学员。他们在练习瑜伽的过程中，感受到了瑜伽带给自身身体、生活的益处。他们的孩子看到父母练瑜伽，觉得很熟悉，甚至有意思。从来没有练习过瑜伽的父母，肯定不会直接把孩子带来学习儿童瑜伽，因为现在还没到那么流行的阶段。

常爸：我在网上看到有 8~9 岁的孩子练飞行瑜伽的，用缎带吊在半空，感觉挺酷的，那种练习方式靠谱吗？

王湘颐：我不太了解飞行瑜伽，因为飞行瑜伽是近代才开始延伸出来的一种练习方式，没有传承的历史。而像热瑜伽，它是 Bikram 传承下来的；艾扬格瑜伽，就是艾扬格传承下来的；阿诗汤加，就是我们的一个祖先，一个非常有名的瑜伽师传承下来的。对于不太了解的东西，我也不太好判断和评价。

常爸：在国外，儿童瑜伽很火吗？会不会在国内慢慢也热门起来？

王湘颐：在国外有一些学校会开设瑜伽课，包括现在北京的国际学校，有的也有瑜伽课。但是，暂时不会很普及。因为有些家长会让孩子去学奥数、美术、钢琴、游泳等等，这些是大家觉得孩子必须要学的，是额外的一项技能，但瑜伽不是。另外，很多家长对瑜伽不了解，如果家长本身不了解瑜伽对身体的益处，怎么会让孩子去学呢？但儿童瑜伽真的是一项对孩子身心发展有益的运动。或许不久的将来，当人们都真正开始正确地关注自身健康的时候，儿童瑜伽也会成为孩子健康成长的必要课程。

聂铁文

象棋大师，被誉为亚洲四小龙之一。
2001 年第十届亚洲名手赛个人冠军；
曾获全国第三届体育大会象棋男子团体冠军，全国象棋甲级联赛冠军。

象棋，培养孩子多角度思维

由于传统文化的大力推进，象棋作为起源于中国的传统棋类运动项目，越来越为大家重视，而且随着在教育体系中分量的加重，越来越多的家长也开始关注孩子象棋的兴趣培养和学习。

常爸：象棋是中国的一个传统棋类运动项目，但现在孩子学象棋的似乎不如围棋、国际象棋的那么多，这是为什么呢？

聂铁文：很重要的一个原因反而是象棋太普及了，入门门槛低，大部分国人都会下。象棋的基本规则，家长或多或少也都知道，在家带着孩子玩一玩，也都没问题。但其实象棋有很深的文化底蕴，这是容易被大家忽略的。

常爸：说到象棋的文化底蕴，它的起源是什么呢？

聂铁文：象棋起源于中国，有着上千年的文化传承，它既有战争文化的成分，又包含了中国儒家的思想。“象棋”这个词在战国时期就有了，差不多到了宋代基本定型，也就是说，现在的棋盘、棋子跟那时候差不多一样。

大家都知道，象棋棋盘上有“楚河汉界”，它就是根据项羽和刘邦的楚汉之争而来。在河南荥阳还有一处名为鸿沟的历史遗迹，据推测就是象棋棋盘上河界的来历。

常爸：有点像是把中国古代战场上的一些类似战术搬到了棋盘上。

聂铁文：对！在中国，有一段时期是黑方先走，红方后走。有说法说是黑色代表项羽，红色代表刘邦。后来，亚洲象棋协会统一了红先黑后。也有人说，象棋是韩信模拟战争设计的游戏，但是这都是传说，没法考证。

常爸：这些说法之前还真没听说过。

聂铁文：虽然象棋在国内的普及度比较高，但是大家对象棋的了解确实都比较浅。我们大力倡导中国孩子进行象棋启蒙，更多的是希望让象棋更加普及、深入和发扬光大。

说回到刚才的那个话题，象棋不如围棋、国际象棋流行，还有一个原因就是不够国际化。围棋有日本、韩国和我们的激烈竞争，国际象棋就更广泛了，而象棋的国际推广却稍显逊色。现在为了打破这个局限，把"中国象棋"改叫"象棋"，也是想让它有更广阔的发展。这几年，通过中国象棋协会等官方机构的努力，越来越多的外国人愿意学习中国的传统文化，对学习象棋也有着极大的热情。2005年国际智力运动联盟成立，现在有六个运动项目，象棋就是其中的一个大项，象棋在国际舞台上的空间还是值得期待的。

常爸：对于孩子来说，象棋现在能作为特长吗？

聂铁文：这点是肯定的，现在从领导层到整个象棋圈，都在大力推广象棋进校园。学象棋的好处很多，如果坚持下来，达到一定的水平，取得相应的比赛成绩以后，高考是有很多优惠政策的（但我们并不建议孩子因为这个才去学象棋）。北京大学、清华大学、南开大学、浙江大学都有我们的棋手考进去。

常爸：您小时候是因为什么原因开始学象棋的？

聂铁文：因为我父亲爱下象棋，他在单位系统里也是冠军的水平，我们哥仨儿在他的影响下，耳濡目染，都渐渐喜欢上了象棋。我从5~6岁开始跟父亲学棋，家里有很多棋书古谱，比如《适情雅趣》那种残局，我很感兴趣，识字了以后就自己找来翻看，慢慢地就学会了。

常爸：您刚才说哥仨儿，那您的两个兄弟后来也走上职业象棋这条路了吗？

聂铁文：没有。其实当时我跟他们一样，平时就在少年宫跟小朋友们一起上大课学棋，回到家和我父亲下棋。后来，我在齐齐哈尔市获得了少年组冠军，父亲就带我去参加省级的比赛，那次代表齐齐哈尔市在全省的比赛中获得了第八名。再后来，父亲又把我带到省棋院，让老师看看能不能有进一步的发展。棋院老师就让我留下来集训。半年后，我参加全国少年赛得了第五名，从此就走上了专业的道路。

常爸：这样听下来，其实还是家庭教育的影响，父亲的引导加上您自己的兴趣和天赋。但现在可能很多家长自己并没什么兴趣特长，而能给孩子选择的兴趣门类

又很多，家长就很迷茫。该怎么办呢？

聂铁文：如果家长自己的特长偏好不突出，那么我建议可以根据自己的成长经历或者兴趣爱好，再结合当下的趋势先给孩子“海选”几个项目。在孩子3~5岁的时候，先让孩子尝试半年或者一年的兴趣学习，在这个过程中，观察他的兴趣和发展，然后再锁定一两个目标长期培养。

天赋是一方面，孩子的兴趣和坚持更重要，而这个坚持在早期更多的是家长的坚持。这两样加在一起才能有所成就。任何事情没有长期的坚持，再有天赋也成不了事。

常爸：一般来说，孩子几岁开始学象棋比较合适？

聂铁文：一般4~5岁。但是上机构去学，我不太提倡很小的孩子，甚至一点基础也没有就直接去学。最好是家里人先教会孩子怎么走，怎么吃子，怎么将军，有一点儿基础再去学，这样他的自信更足一点，兴趣也会浓厚一些。

常爸：刚才您提到，家长刚开始最好能够先教孩子初步的走法。但有些家长可能自己也不会，或者自己会下但不是很专业，怕教错孩子。

聂铁文:这确实要看教的方法。第一步，当然是先教孩子认棋子，因为上面有汉字，这应该是教不错的。第二步，就是教会简单的走法，像“马走日，象走田”这些基本规则。第三步，可以教孩子一些残局，残局也叫定式。象棋是思维的训练，每盘棋都有计算，有一些杀棋都是固定的，比如一步杀或者几步杀，而且也可以购买几本相关的书籍，按照书来教，这肯定教不错。

如果第三步家长没把握，那也没关系，只要孩子认识了棋子，也知道基本的规则走法，送到学棋的机构去学就可以。

常爸:说到了机构，那孩子学棋到底应该去上大课，还是找一对一的老师上小课？老师应该怎么选择？

聂铁文：家长做好简单启蒙之后，一开始应该上大课，现在像少年宫的初级启蒙老师的水平都是可以的，家长不必太纠结。等孩子到一定水平了，再一对一。

其实，我认为如果能找到一对二的组合比较好，一个老师带两个孩子，两个孩子水平差不多，互相有竞争意识，又能互相促进。如果只是老师单独给一个孩子上小课，可能有时候孩子自己的潜力发挥不出来，没有对弈只是听讲，效果还是差一点。

常爸：那孩子什么时候适合找更高阶的老师呢？

聂铁文：在少年宫或者机构都会分初级班、中级班、高级班。老师会组织孩子参加很多比赛，家长可以通过这些比赛观察孩子的成绩、兴趣等等。如果到了小学四五年级左右，孩子的成绩很好，他自己又很有兴趣。这个时候就可以联系高级的一对一或者一对二的老师。

当然了，如果家里对象棋学习很重视，又愿意在经济和时间上投入，想早一点开始一对一的学习也可以。任何事情都是由时间、精力、经济投入组合搭建起来的，没有这些，想成为顶尖，是不可能的。

常爸：说到找老师，我之前采访过职业围棋九段的江铸久老师，他跟我说过一件他很不认同的事情：一个孩子为了赢棋假装认输又反悔，以此扰乱对手情绪，估计是孩子的老师传授的“计谋”。对于这种临场“技巧”，您怎么看？

聂铁文：这肯定不是技巧，这属于人品有问题，肯定要严令禁止。我也听说过，少年比赛中有一个教练，他悄悄跟学生说：“如果你不会走了，就假装去趟厕所问我。”这属于品德问题。规则、规矩是很重要的，尽管他看似通过一些非正常手段获取了利益，但是最终的结果不会很好。取得一个小成绩、一个比赛的名次只是暂时的，对孩子一生的影响才是巨大的。 如果您的孩子遇到这样的老师，别以为是遇到一个聪明又会应变的老师，长远来看，他会毁了孩子的。如果真有这种情况，不用犹豫，立刻换掉。

常爸：刚才咱们也谈到象棋、围棋、国际象棋，它们的特点是什么？差异是什么？

聂铁文：棋类本身背后的性质是一样的，都是启发智力、培养逻辑思维的游戏。象棋、国际象棋是东西方文化不同的体现。象棋“老将不能出宫、弃卒保车”等，这反映了中国古代等级思想的特点。还有很多成语、三十六计、都有跟象棋招数相关联的故事。而国际象棋中的王、后的威力那么大，兵走到对方底线可以变升为除了兵和王以外的任何棋子等等，这些规则都体现了西方统治阶层思想和开放型的文化。这其中的内涵、典故都是很有意思的。

常爸：象棋对于孩子成长教育有哪些好处呢？

聂铁文：象棋首先可以培养孩子的专注力，这个很多家长都懂，就不多说了。其次就是培养孩子发现问题、分析问题、解决问题的能力。下棋的过程就是发现问题的过程，对方这一步棋对我有威胁了，我是否能观察到？发现了，那接下来就要分析怎么破解。几乎每一步棋都是这样一个思维过程，这就是一种训练。

同时可以培养孩子的记忆力，你得记棋谱，同时还要会复盘。之前下过的棋，你要记得住，这样才能从过往的经历中总结经验教训。河南荥阳有个 6 岁的孩子在《挑战不可能》上的表现就是超强记忆力的表现。他以一敌二，与两位冠军棋手进行盲棋车轮战，同时他还要记住两盘棋局的全部步骤。这些都是可以训练的。

还有，就是对于孩子品德的培养。有的棋盘上就印着“观棋不语真君子，起手无悔大丈夫”这句话，意思就是，你在看棋或看别人比赛的时候，不能说话也不能给人支招。而下棋的人不能摸完棋子却不走棋，棋子落下后也不能反悔。这在当下就是一种“契约”精神，人是要重承诺、遵规则的。

另外，就是换位思考，你要站在对手的角度考虑，跟平时生活中一样。现在很多孩子比较自我，只考虑自己。而下棋如果你只考虑自己，不懂得站在对方的角度去考虑问题、解决问题，这盘棋一定输。所以，在一定程度上，下棋能教会孩子多角度思考，而不是只想到自己。

常爸：我觉得下棋就好像在进行一场哲学思辨。

聂铁文：确实是，有一句话叫“棋如人生”。下棋和人生一样，每时每刻都面临着选择，走错一步可能就会满盘皆输，所以必须慎重。可是，这每一场的输和赢，又都是当下的，并不能代表永久，所以当你输的时候可能正面临着一次挫折教育，看你如何面对失败？如何解决问题？这些都是为了未来的赢而做的准备。

常爸：您能给家长和孩子推荐几本适合象棋入门的书吗？

聂铁文：适合小朋友看的棋书有很多，比如说郭莉萍老师编写的《中国象棋》上下册；还有《看故事学象棋丛书》都不错。现在特级大师赵鑫鑫创办的鑫棋道推出了一套自己编写的《鑫棋道象棋初级教材》也特别好。

常爸：您还有什么要提醒学棋的孩子和家长注意的吗？

聂铁文：下象棋看似很静态，却是非常消耗体力的一项运动。所以在重视智力的同时，不能忽视体育锻炼。有时候，在下棋的过程中你可能快要赢棋了，但最后阶段脑供氧不足了，也可能错失机会。因此锻炼好身体才能下好棋，我每周都会送女儿去打几次乒乓球，这对她的学习和身体健康都是非常有益的。

聂　鑫

二级棋士。

2014 年北京象棋少年锦标赛女子组第一名；

2015 年北京象棋少年锦标赛女子 8 岁组第二名；

2016 年非遗杯北京市象棋少年锦标赛女子组第二名。

世家“熏陶”出的小棋士

鑫鑫是从 5 岁多开始学棋的，起初是国际象棋和围棋分别学习了半个学期，父母发现她对围棋不是那么感兴趣，就放弃了围棋的学习。然后转向从国际象棋和象棋里面选择，国际象棋棋子立体、漂亮，鑫鑫也很感兴趣，但是因为鑫鑫的父母都是学习象棋出身的，还是希望她也从事象棋项目。经过一番广撒网，全家最终选择了一个既适合孩子，又有家庭基础的兴趣项目——象棋。

如今，鑫鑫学习象棋已经 4 年了。在正式去少年宫学习之前，一直跟着爱下象棋的姥爷认识棋子、摆棋、学习基本定式。后来，每周一次去少年宫学习两个小时的象棋。最开始是残局、定式的练习，然后学习开局，再慢慢进入真正地对弈，学习中局的计算。有时候，鑫鑫也会觉得枯燥，但因为兴趣使然，她也会沉浸其中，找到解答问题的快乐。

下棋就有输赢，怎么让孩子坦然地面对这一点呢？鑫鑫妈妈说，“下棋有输有赢，特别是比赛的时候，她赢了很高兴，输了就沮丧。作为妈妈，我要求自己不能急功近利。虽然下不好时我也会说她，但是不会给她太大压力，不能破坏她的积极性。”

有一次，在学校的升旗仪式后，老师当着大家的面给鑫鑫颁发了证书，这极大地增强了她的自信心。从此她开始喜欢参加比赛，取得了好名次就有成就感。最近一次比赛，鑫鑫觉得对手特别厉害，总是有心理压力，妈妈就鼓励她，帮助她克服心理障碍。妈妈觉得小孩心里肯定还是会害怕，但是没关系，都要经历这个阶段，比赛多了，见的世面多了，慢慢就会好的。

说到未来的发展，鑫鑫妈妈觉得现在还看不出鑫鑫是否有天赋，因为目标也不是职业运动员，主要是希望鑫鑫多接触多学习，培养特长，开阔眼界。她还学习了乒乓球和英语，这些学习有静有动，相互配合。她强调，“孩子在学棋时兴趣是最重要的，所以我也不会逼着她训练。现在我的目标是跟着少年宫老师的进度慢慢来，在家有时间就下，没时间就放放，多参加比赛，见见世面。等到年龄渐渐大了，也知道自己努力了，如果真的有天赋，成绩可能会有一个极大的提升，现在不着急，不能急功近利。”

江铸久

著名围棋高手，职业九段，与其夫人芮乃伟，是世界上唯一一对同为职业九段围棋手夫妇。

1996 年迄今，担任美国职业围棋协会会长；

2011 年回国至今，创办“江芮（上海）围棋文化传播有限公司”，从事围棋推广普及教育。

围棋精神，在德不在艺

围棋是中国传统文化的精髓所在，学习围棋不仅会让孩子学习到一门技法，更是通晓传统文明礼仪、增强自身抗挫折能力、洞悉人生哲理的路径。小小的黑子白子，就是小小孩童通往思维和哲学世界的神奇按钮。但是，多大的孩子可以开始学习围棋？怎样选择老师？通过学围棋孩子们究竟能获得什么？在学棋的路上，会遇到怎样的状况，孩子和家长该如何面对？我们登门拜访了著名的围棋职业九段大师、少儿围棋教育家江铸久老师，请他为我们一一解答。

常爸：江老师，您好。您觉得围棋主要锻炼的是孩子哪方面的能力？

江铸久：围棋能锻炼孩子很多方面的能力，比如教养礼仪、逻辑推理能力、同理心、抗挫力等等。

先说礼仪，正常来说，在家里孩子一定要尊重比自己大的长辈，像父母、爷爷、奶奶等，这是最基本的意识和礼仪。但是现在的孩子们，甚至他们的父母都没有这种意识了。所以，来跟我学围棋的第一课就是礼仪。

我们在正式开始下棋之前，一定要先互相鞠躬行礼，礼毕后，才能开始。有的孩子就会问：“我为什么要给他鞠躬行礼啊？”或者说：“我不喜欢他，为什么要给他鞠躬行礼？”我说：“你喜欢他也好，不喜欢他也好，你一定要鞠躬行礼，这是仪式。不仅要给跟你下棋的人鞠躬行礼，下课后，还要给老师鞠躬行礼，更要给接送你的家长或司机鞠躬行礼。”

虽然这个年龄的孩子，听完也不太懂，但绝大多数都会照着做。

如果有的孩子刨根问底，我就会说：“因为你来学棋，说明你喜欢。”他说：“我不一定喜欢，我爸爸妈妈让我来的。”我说：“起码你不排斥，不反感。不反感就是喜欢一部分了。你在玩你喜欢的东西，谁陪你玩啊？老师是教你玩得更好的人，你的对手是陪你玩的人，你要不要感谢他？”他说：“那他为什么也要给我鞠躬行礼？”我说：“因为他也感谢你呀。其实你给对方鞠躬行礼的时候，除了感谢对方，还要感谢这个棋，最重要的是感谢自己，因为你付出了自己的时间。”孩子又说：“那我为什么要感谢来接我的人呢？”我说：“他不接你，你能下课吗？”

渐渐地，孩子们就习惯了鞠躬行礼。除了跟老师鞠躬行礼，还跟比他年龄大的前辈、师兄、师姐鞠躬行礼。我们这次带孩子们去韩国，在请职业棋手签名的时候，孩子们会先鞠躬行礼表示感谢！很多人说，我们这些孩子比国内去的其他孩子更懂礼貌。

其次，我们要尊重围棋本身，一般我们不会往棋盘上放杂七杂八的东西，除了棋子和记录本，这是为了表示对围棋棋具的敬意。围棋盘是四方的，下哪个角都一样。但是下棋的时候，黑棋一定是下右上角的，这是因为围棋有一个约定俗成的一个礼仪：向对方致敬，表示我把最方便的角留给你，这是有礼仪文化在里面的。

最后，我们再说说逻辑推理和换位思考。围棋做死活题跟我们一般的算数、语文稍有不同，下围棋要有逻辑推理和换位思考能力，要从对方的角度来看问题。我走的每一步棋都要想到对方。我们的孩子一般上到三四次课后就会学我说话：“把对方想得跟你一样强。”只有假设对方下对了，才能找到更好的那一步。从做死活题开始，就要开始习惯性地替对方想。替对方想，最终是为自己着想，因为你要找到那个最优化的方案。

常爸：棋类游戏大都能锻炼逻辑推理和换位思考能力，您觉得下围棋跟下中国象棋，或者国际象棋，区别在哪儿？

江铸久：这几种棋没有孰优孰劣的区别。我个人认为，围棋是这三种棋中变化最多的。拿中国象棋举例，马走日象走田，每个棋子能走的方式是固定的，所以下棋的路数比较有限。另外，它们的目的就是擒王，目标比较单一。围棋呢，规则比较简单，反而包含的东西多，相对的变数也就更多了。

围棋中包含了一些只可意会的人生哲理。比如你过强过硬，反而会伤到自己。凡事为对方多考虑，求的是中间的平衡。是因为对方的失误，使得你能够距离胜利近一点。像更具体的杀子、杀棋，并不是你的目的，这只是你的手段之一，而这种手段你不应该轻易用，因为出这种极端的手段反而使你容易有漏洞。其实，生活中我们碰到的很多事情，都能用围棋的道理来理解。

常爸：刚才您说到抗挫力，下棋总是有输有赢，孩子们大多对于输不太能接受，怎么办？

江铸久：抗挫力的问题，也是老师教授过程中的一个大问题。孩子在初学阶段，我们讲胜负比较少，一般会讲你围了多少，吃了多少，因为孩子输了就不太想玩儿了，而且最初的胜负我觉得也不是很重要。

但是下棋总有输赢，我们经常跟孩子们说，这盘棋输掉，不要太在意，要在意的是你输在哪里，总结一下，即使输了也是收获。下一盘棋又是新的开始，和这盘没关系，有关系的是你总结的经验，这才是能帮助你进步的关键。

其实，在输赢之中，也能体会到人生百态。我讲一个最近碰到事情。有一个孩子,我们叫他尧哥,那次他是二级升一级。二级升一级的规则是七盘棋要赢五盘，他前两盘输了，然后又连赢了四盘，就差最后一盘了。四连胜尧哥的士气非常好。最后一盘棋，下了还不到一半，他的对手突然就认输了。尧哥欣喜若狂，去报告裁判，对方认输了。裁判来了之后，对方那个孩子却说："我还想下。"如果是职业比赛的话，肯定是对方输，但因为孩子们的比赛，裁判在别的地方没听到他认输,所以只能继续再下。尧哥的情绪非常受影响,本来势均力敌的,准备硬拼一下，结果没想到对方来这么一手，后面就受影响，最后输掉了。

尧哥事后一直在念叨，"我就一直奇怪，对方为什么会在不该认输的时候认输。"我说，"我不认为对方是对的，我们能做的就是尽量做好自己，下棋可以模拟很多人生的事情，这种事情以后也可能在你人生的路上发生，早发生是好事。"后来尧哥跟我说："我想通了，我如果实力更强，对方做什么都干扰不到我，我还要练得更强。"我听了特别开心，也很感动，对他说："你能这样想很了不起，挫折打败不了我们，这就是学习围棋的意义所在。"

下棋每天都会面对挫折，面对输赢，孩子们很快就会学会如何调整和处理自己的心态，他们不把失败看成失败，而是当作自己的宝贵收益。

我们这儿也有孩子确实在输棋的时候忍不住会哭，但还是会跟旁边的孩子说，"我哭了，我难受，可是我觉得老师说得对，我收获了。"我觉得这对他们的成长很有帮助。

常爸：我想那个中途主动要认输的孩子，这种小花招估计也是他的老师教的吧。

江铸久：是啊，我想孩子一般不会想出这样的办法。

常爸：说到老师的品格，教孩子这种花招技巧，他即便是更高段位，有更高的技巧，也没有意义。

江铸久：你说，这值得吗？呵呵。

常爸：所以，您觉得在老师的选择上有什么讲究吗？

江铸久：我一般不评论别的老师，但既然你问了，我就泛泛地谈谈我的看法。

我认为一个好的老师，首先要知道文化里的精髓，然后尽可能地把这颗种子种给孩子，同时，也尽可能把孩子的智慧启发出来。

我还是说说我比较崇拜的濑越宪作老师，他是吴清源老师的老师。吴老师十一岁时，北洋军阀时期就打遍了国内的那些老棋手们。他十二三岁的时候，跟来访的日本棋手下棋，濑越宪作老师看到了吴老师的棋谱，认定他是个天才，于是冲破重重困难和阻碍将吴老师接到日本，并给他提供了非常好的下棋环境，尽可能地保护他，用启发式的方法教授。濑越老师晚年的时候，他觉得为中国培养了吴清源，也一定要为韩国培养一个，就找到了曹薰铉老师。那会儿他在技术上已经不太能教了，就让吴清源老师代师授艺。

有些人指责濑越老师在为日本棋坛培养敌手，濑越老师说："我没有教，是他们自己厉害，我只是给他们起到了引路的作用。往大里看，这样的人（吴清源和曹薰铉）出现，会推动整个围棋界而不仅仅是日本棋坛的发展。"事实上也确实如此。我觉得好的老师，应该尽可能传递文化本身。当然我现在做的事跟濑越老师不能比，但这是我的榜样。

刚才讲的是大方向的文化传承，往小里说，一些该教的基本功一定要好好教。我们最近收了一个2段的孩子，我说你打过谱吗？他说我们以前的老师不教打谱，我说那你记录吗？他说也不记录，不会。打谱和记录这两个基本的东西不教给孩子，怎么行？

另外，我觉得老师自己也要善于学习，不能觉得说自己是五段，教一个孩子绰绰有余了，我不认可这种理论。比如说十年前教孩子这样的技术，十年后如果还用同样的方法教技术，那肯定是不行的。

常爸：像您这样职业九段高手，来做少儿围棋的老师，是基于一个什么样的想法？

江铸久：我九十年代初去美国的时候，就开始教围棋，我觉得最大的收获就是，一个孩子来跟我学棋之后，他的变化会让我很有满足感。我有一个学生，现在小学四年级，非常聪明，下棋反应也快。但是刚来的时候脾气大，而且坐不住，满屋跑。但是学了半年后，就好太多。有一次他们全家去美国旅游，他爸爸疏忽了他的护照有效期还不到半年，不能过关。依照这孩子以前的脾气，他不能去，全家谁都别想去。但是跟他说了情况之后，他就听从了家里人的安排，留在了亲戚家。他爸爸特别意外，跟我说，这孩子现在讲理了，懂礼了。就算的确是爸爸犯的错造成他不能去美国，他也能心平气和地接受，这在以前是不可想象的。

常爸：那孩子从什么时候开始学围棋合适，或者说孩子什么时候开始具备学围棋

的这种基础能力?

江铸久：一般我们收的孩子是四岁半，正好是幼儿园中班后期的时候。这个时候的孩子相对来说，思维开始活跃，而且能坐得住了，注意力集中的时间也长一些。但是也有一些家长更希望自己的孩子早一点学，其实也是可以的。只是家长和老师就比较辛苦，要设计各种游戏来慢慢教他在玩中学会围棋的规则。

常爸：学围棋需要家长陪吗?

江铸久：刚开始的时候，还是建议家长多参与，不一定非要陪孩子下棋，主要培养孩子的兴趣。我经常鼓励家长，孩子回了家，你一定要问他，今天学什么了？老师教你四个围一了？你吃了对方几个子啊？互相围谁围的多？这样也是一种练习和复习。

有的家长会问，为什么一定要去问他？原因很简单，孩子要抒发他的感情，他给你讲你不懂，你一定要耐心听，他给你讲的过程也是在复习和整理的过程。这个过程我觉得家长投入进来，孩子进入也会很快。过了这个时间段，如果家长真的不会下棋，又特别忙，稍微放手也没有太大关系。

常爸：如果孩子从四岁半开始学，几年后会达到一个什么样的水平?

江铸久：这个问题我通常是不给答案的。这个过程取决于孩子和家长不同程度的投入状况，因为有的孩子快，有的孩子慢。而且各个省市地区棋院的升级标准也不一样。或者这样说吧，假设家长不会下棋，孩子只是每周都来跟着老师上课，每天回家保证半个小时左右的复习时间。比如说五岁开始学，七八岁左右能考一级或者业余一段左右。如果家长会下棋，每天投入更多时间练习，那成长的速度会更快。

常爸：让孩子有兴趣学有什么好方法吗?

江铸久：孩子刚刚学棋的时候，我会给一点小奖励，比如，你要是下完这一盘，老师送你一支铅笔。在下棋的过程中，孩子一般喜欢吃子，就是他很快就会掌握吃子。喂他吃几个子，他就会很开心。

再后来，我会给孩子们讲一些故事。通过这些故事，让他们对号入座，启发主观能动性，我觉得这个效率就特别高。比如，这个布局是三连星，这三连星的布局你们知道谁下的更好吗？很多孩子一开始不知道，我就会给他们讲，原来是武宫正树老师下得最好。然后就会给他们看武宫正树老师的照片，他长得是这个样子的，很风趣，下棋天马行空。武宫老师有一步棋想了五个多小时，实际上武宫老师记忆力不好，那步棋很平常，但是武宫老师忘记了，他为了更周到，不惜花了五个小时来想。换成跟他同时代的竞争对手小林光一老师，可能这步棋三分钟就出来了，因为他平时谱打得很熟。然后我告诉孩子们，你们记忆力的天分，可能是上天给的，但是注意力是后天练成的，要想有这样高的注意力，是要通过练习去弥补的。小林老师的记忆力天生就好，那他就会在别的才能上有缺失，需要更努力去弥补那一部分。

常爸：您是说，平时多给孩子讲一些围棋史上的名人轶事，其实这里面蕴含了很多如何学习，如何为人处世的道理。孩子们喜欢听，听完之后可以跟自己下棋的时候做一些印证，甚至是说，他觉得某一个名家的特点跟我的很像。

江铸久：对。这样就激发起他的学习热情和认同感。他会觉得这个老师跟我挺像，那我就学他的谱，这样慢慢激发他的兴趣，就愿意学下去了。我希望的是，每个跟我学习的孩子，能学到围棋精华的东西，这样无论他学到什么阶段，什么时候停下来，都有所收获，对他的人生成长是有意义的。

像 2017 年 4 月，李世石跟 AlphaGo（人工智能机器人）下的时候，我问孩子：如果换成你，你怎么赢 AlphaGo？很多孩子说不可能赢，我说：以后赢 AlphaGo 的是谁？孩子们想了想回答："可能就是我们。"我说："这就对了。"我希望我们的孩子，从小能够有一个大的视野，可能最后成为职业棋手的就一两个，甚至一个都没有。但这没关系，他在做别的事的时候也有这样广阔的视野和执着而有效的学习精神，就足够了。

围棋技艺方面，不可能每个孩子都能成为孔杰、常昊、古力、李世石、李昌镐。但是，通过学习围棋不仅学到了推理、逻辑思维，更学到了礼仪礼貌、为他人着想、有同理心这些宝贵的精神财富，这会滋养孩子的一生。而如果孩子真的将这些都学到了，那么他的围棋进步一定会很快，也一定会走得更远。

Wayne

5 岁开始学习围棋，至今已经 7 年 。

目前师从于江铸久老师，已经通过了围棋五段。

理解比督促更有效

Wayne 从 5 岁开始学习围棋到现在已经 7 年了。Wayne 的妈妈说，直到一年前，Wayne 才跟她说 ：“我觉得我喜欢上围棋了。”

Wayne 接触围棋完全是因为父母的安排，妈妈觉得围棋对孩子的思维、专注力、意志力都有好的锻炼，于是决定送 Wayne 学习围棋。刚开始，Wayne 对围棋说不上有兴趣，他只是按部就班地跟着老师一点点学。

Wayne 围棋生涯中碰到的第一个坎儿，是在 6 岁多的时候。那时，要从二级升一级，考了两次了，都没有升级成功。妈妈觉得是 Wayne 态度不认真，不够努力，狠狠批评了 Wayne，也给 wayne 施加了不小的压力。第三次升级考试那天，Wayne 十分紧张，状态非常不好，又一次处在了失败的边缘。妈妈看到 Wayne 脸色很苍白，在那一瞬间，妈妈明白，自己给孩子的压力太大了，已经让 Wayne 有些不堪重负了。在中间休息时间，妈妈领着 Wayne 在考场边的操场散步，宽慰和安抚了 Wayne，帮助 Wayne 释放了一下紧张情绪。没想到，仅仅十几分钟的交流，就让 Wayne 轻松下来，顺利地完成了下半场，还成功晋级了。说到这段经历，妈妈也说 ：“这是我的一个教训。作为父母，真的要处理好目标和孩子压力之间的关系。要多多关注孩子，才知道他是真的不够用功，还是压力太大，如果压力太大是需要帮助排解的。从那之后，我不管给 Wayne 定下什么目标，我都会结合他的需要给他支持和鼓励。”

一年前，Wayne 碰到了第二个坎。那时，他已经开始升段，当升到二段时，怎么也考不过三段，就这样尴尬地卡了半年多的时间。此时，Wayne 早已成长为一个不需要妈妈操心、自我管理能力很强的大男孩儿了。不仅练习着围棋，还同时练习击剑。学习成绩也在学校里保持着相当靠前的名次。这一次升段困难，妈妈觉得完全不是 Wayne 的态度问题了，而是学习遇到了瓶颈。妈妈果断地给

Wayne 更换了围棋教练，拜师到江老师门下。在江老师的点拨下，Wayne 不仅很快升到了三段，也顺利地通过了四段和五段的升段测试。

说到围棋对 Wayne 的影响，妈妈觉得 Wayne 在学围棋的过程中，性格越来越沉稳，自我管理、自我约束能力都变强了。现在，都是 Wayne 自己给自己定目标，规划学习内容和强度，完全不需要父母操心。未来，Wayne 或许并不会将围棋当作自己的职业，但围棋对他的影响，将伴随一生。

幼儿兴趣班学习年龄建议

类别	种类	建议开始年龄
艺术启蒙	音乐素养	3 岁
	钢琴	3~5.5 岁
	小提琴	4.5~6 岁
	架子鼓	4 岁
	古筝	5~6 岁
	尤克里里	5~7 岁
	合唱	3~4 岁
	绘画	3~6 岁
	国画	3~4 岁
	舞蹈	5~6 岁
体育启蒙	基础体能	3 岁
	足球	5~6 岁
	篮球	4 岁
	乒乓球	5~6.5 岁
	游泳	7~8 岁
	滑雪	5 岁
	花样滑冰	4~5 岁
	跆拳道	4~6 岁
	击剑	4.5 岁
	马术	5~6 岁
	冰球	4 岁
	儿童瑜伽	5 岁
	象棋	4~5 岁
	围棋	5~6 岁

图书在版编目（CIP）数据

小小兴趣班里的大智慧：耶鲁奶爸教育访谈实录 / 常青藤爸爸编著. -- 南昌：江西教育出版社，2018.11
ISBN 978-7-5705-0621-7

Ⅰ. ①小… Ⅱ. ①常… Ⅲ. ①儿童教育－家庭教育 Ⅳ. ①G782

中国版本图书馆CIP数据核字（2018）第232631号

小小兴趣班里的大智慧——耶鲁奶爸教育访谈实录
XIAOXIAO XINGQUBAN LI DE DAZHIHUI YELU NAIBA JIAOYU FANGTAN SHILU
常青藤爸爸　编著

江西教育出版社出版
（南昌市抚河北路291号　邮编：330008）
各地新华书店经销
深圳市雅佳图印刷有限公司印刷

787毫米×1092毫米　1/16　10.5印张
2018年11月第1版　2018年12月第3次印刷
ISBN 978-7-5705-0621-7
定价：45.00元

赣教版图书如有印装质量问题，请向我社调换　电话：0791-86710427
投稿邮箱：JXJYCBS@163.com　来稿电话：0791-86705643
网址：http://www.jxeph.com

赣版权登字-02-2018-584